KB202327

천국과 지옥의 이혼

믿음이란
한 알의 밀알이 땅에 떨어져 죽음으로 많은 열매를 맺음과 같이
진리의 열매를 위하여 스스로 죽는 것을 뜻합니다.
눈으로 볼 수는 없으나 영원히 살아 있는 진리와
목숨을 맞바꾸는 자들을 우리는 믿는 이라고 부릅니다.
「믿음의 글들」은 평생, 혹은 가장 귀한 순간에
진리를 위하여 죽거나 죽기를 결단하는
참 믿는 이들의, 참 믿는 이들을 위한, 참 믿음의 글들입니다.

천국과 지옥의
이혼

C. S. 루이스 지음

김선형 옮김

홍성사.

가장 참을성 많고 훌륭한 필경사 바바라 월에게

"아니, 비상구는 없다.

아무리 조금이라도 지옥과 공존하는 천국이란 없다.

우리의 가슴에든 주머니에든 악마의 것을 넣어 둘 생각을 해선 안 된다.

사탄은 털끝 하나까지 깨끗이 내몰아야 한다."

조지 맥도널드

머리말

윌리엄 블레이크는 《천국과 지옥의 결혼 *The Marriage of Heaven and Hell*》을 썼다. 내가 천국과 지옥의 '이혼'에 대해 쓴 것은 스스로 그런 천재의 적수가 될 만하다고 자부한 탓도 아니고, 그 작품의 의미를 확실히 파악했다고 확신한 탓도 아니다. 그러나 사람들은 끊임없이 이런저런 의미에서 천국과 지옥의 결혼을 성사시키려 해 왔다. 이런 시도는 현실에서 반드시 '흑 아니면 백'이 되는 경우는 절대 없다는 믿음에서 나온 것이다. 숙련된 기술과 참을성과 충분한 시간(뭐니뭐니 해도)만 있다면 양자를 다 포용할 수 있는 길을 언제든 찾아낼 수 있다는 믿음, 갖고 싶은 것을 철저하고 단호하게 거부할 필요 없이 그저 악을 약간만 발전시키고 조정하고 다듬기만 하면 선으로 바꿀 수 있다는 믿음 말이다. 그러나 이런 믿음은 파국으로 치닫는 실수라고 나는 생각한다. 어떤 여행이든 여행을 떠날 때 짐을 다 싸들고 가는 사람은 없다. 그런데 짐만 놓고 가는 것이 아니라 오른 눈과 오른손까지 놓고 가야 하는 여행이 있다.[1] 우리가 사는 세상에서 원의 반지름처럼 중심을 향해 가는 길은 하나도 없으며, 따라서 아무리 오래 걸어도 길이 서로 가까워져 중심에서 만나는 경우는 찾아볼 수 없다. 오히려 어떤 길이든 몇 마일만 지나면 두 갈래로 갈라지고, 그 두 갈래 길은 또 각기 두 갈래로 갈라지기 때문에 매번 선택의 기로에 서야 한다. 생물학적인 차원에서 볼 때도 삶은 강보다 나무에 가깝다. 삶은 통합을 향해 흘러가는 대신 서로 갈라져 뻗어 나가며, 피조물들은 원숙해질수록 서로 달라진다. 선善은 농익을수록 악과 구별될 뿐 아니라 다른 선과도 구별된다.

　나는 잘못된 길을 택했다고 해서 무조건 다 멸망한다고 생각지 않는다. 단지 잘못된 길을 택했을 때에는 올바른 길로 돌아와야만 구원받을 수 있다고 생각할 뿐이다. 산수 문제를 잘못 풀었을 때에도 답을 바로잡을 수는 있는 법이다. 그러나 그렇게 하려면 계산한 과정을 되짚어서 실수한 지점을 찾아낸 다음 새로이 계산을 시작해야지, 무조건 계산을 계속해서는 안 된다. 악을 무위로 돌릴 수는 있어도, '발전시켜' 선으로 만들 수는 없다. 시간이 지난다고 해서 저절로 좋아지는 경우는 없다. 저주는 '저주를 푸는 힘을 가진 역주문'으로 조금씩 풀어 나갈 수밖에 없다. 역시 '흑 아

---

1) 마태복음 5장 29-30절 참조. 이하 별도 표기가 없는 것은 모두 편집자 주.

니면 백'의 문제인 것이다. 지옥을 붙들고 있는 한(지상 earth 을 붙들고 있어도 마찬가지다) 천국은 볼 수 없다. 천국을 받아들이려면 지옥이 남긴 아주 작고 소중한 기념품까지 미련 없이 내버려야 한다. 물론 나는 천국에 간 사람이 자기가 포기한 것들을(오른 눈까지 뽑아 버렸다 해도) 아주 잃지 않았음을 발견하게 되리라고 굳게 믿는다. 그뿐 아니라 가장 저급한 소원의 형태로 추구했던 것의 진짜 알맹이가 뜻밖에도 '저 높은 곳'에서 그를 기다리고 있으리라 믿는다. 이런 의미에서, 여행을 끝마친 이들은(오직 그들만이) "선이 모든 것이며 천국은 어디에나 있다"고 진심으로 말하게 될 것이다. 그러나 길의 이쪽 끝에 서 있는 우리가 종착지에 도착한 사람만이 뒤를 돌아보며 할 수 있는 생각을 미리 하려 드는 것은 잘못이다. 그러다 보면 자칫 "모든 것이 선하며 어디나 천국이다"라는 잘못된 명제, 파국을 부르는 역명제를 용인하게 되기 쉬운 탓이다.

그렇다면 지상은 무엇이냐는 질문이 나올 수 있다. 지상은 결국 별개의 장소가 아님을 깨닫게 되리라는 것이 내 생각이다. 천국 대신 지상을 선택한 사람은 지상이 처음부터 지옥의 한 구역이었음을 알게 될 것이다. 또 지상을 천국 다음 자리에 놓은 사람은 지상이 애초부터 천국의 일부였음을 알게 될 것이다.

이제 이 작은 책에 대해 덧붙이고 싶은 말은 두 가지밖에 없다. 첫째로, 이름은 잊었지만 몇 년 전 〈과학소설〉이라는 총천연색 미국 잡지에서 읽었던 어떤 글의 작가에게 큰 영향을 받았음을 밝혀

두고 싶다. 천국의 물질은 휘어지지도, 부서지지도 않는다는 착상은 그에게서 얻은 것이다. 비록 그 작가는 이 착상을 나와는 아주 다른, 대단히 기발한 목적에 사용했지만 말이다. 그의 주인공은 '과거'로 여행을 떠났다. 그리고 정말 그럴싸하게도 거기에서 총알처럼 몸을 관통할 수 있는 빗방울과 아무리 힘을 주어 씹어도 씹히지 않는 샌드위치—물론 과거사는 결코 변경될 수 없는 것이므로—를 만나게 된다. 나는 독창성은 그에 미치지 못해도 타당성은 그에 못지 않다고 생각하면서(바람일 뿐이지만), 여행의 목적지를 과거에서 영원으로 바꾸었다. 혹시라도 그 작가가 이 글을 읽는다면 감사의 말을 전하고 싶다. 두 번째로 하고 싶은 말은 이것이다. 즉 이 글이 판타지라는 사실을 명심해 달라는 것이다. 물론 이 이야기에는 교훈이 있고, 그것이 애초의 의도였다고도 할 수 있다. 그러나 인간의 한계를 뛰어넘는 상황들은 전부 상상을 동원해서 가정해 놓은 것들이다. 심지어 사후에 무엇이 우리를 기다리고 있을 것인지 추측하거나 어림짐작해 본 결과라고도 할 수 없는, 순전한 상상의 산물이다. 사후세계의 구체적인 세부사항들이 과연 사실일까 아닐까 궁금해하도록 독자들의 호기심을 부추기는 것은 전혀 내 의도가 아니다.

1945년 4월

C. S. Lewis.

1

길고 초라한 길가에 늘어선 사람들 틈에 끼어 줄을 서 있었던 것 같다. 해가 막 저물었고 비가 내리고 있었다. 벌써 몇 시간째 그만그만한 초라한 거리들을 헤매고 다닌 터였다. 비가 줄곧 내리고 있었고 저녁 어스름은 끝날 기미가 보이지 않았다. 겨우 상점 몇 개에만 불이 켜져 있었는데 그나마 날이 충분히 어둡지 않아 별로 화사해 보이지 않았다. 그 음울한 순간에 시간은 흡사 멈춰 버린 것만 같았다. 아무리 기다려도 저녁은 도무지 밤으로 넘어갈 기색이 없는데, 마찬가지로 내 발걸음도 미적거렸고 걸어도 걸어도 그럴싸한 거리가 나올 것 같지 않았다. 아무리 가도 지저분한 여인숙이며 작은 담배 가게, 너덜너덜한 포스터가 붙어 있는 게시판, 창문 없는 창고, 기차 한 대 보이지 않는 화물차 역사,《아리스

토텔레스 전집》 같은 책들을 파는 책방들밖에 찾아볼 수 없었으니까. 마주치는 사람 하나 없었다. 버스 정류장에 줄지어 서 있는 몇 사람들을 제외하면 도시 전체가 텅텅 빈 것 같았다. 아마 그래서 내가 그 줄에 꼭 붙어 섰을 것이다.

그런데 곧 몇 가지 소소한 행운이 잇달아 찾아왔다. 줄에 끼자마자 앞에 서 있던 여자가 동행으로 보이는 남자에게 "그럼 좋아요. 난 안 갈래요. 얘기 끝났어요" 하고 쏘아붙이더니 줄에서 빠져나간 것이다. 그러자 남자는 목소리에 잔뜩 힘을 주면서 "착각하지 마. 누군 가고 싶어서 가려고 했는 줄 알아? 솔직히 난 **당신** 비위를 맞춰 주려 했던 거라고. 내 기분이야 문제도 안 된다 이거지. 알겠어" 하더니, 그 말에 걸맞게 자기도 홱 떠나 버렸다. 나는 '잘됐군. 두 자리 벌었네' 하면서 내심 기뻐했다. 이제 내 앞에는 얼굴을 잔뜩 찌푸리고 있는 키 작은 남자가 서게 되었는데, 그는 아주 탐탁지 않은 표정으로 날 힐끗 보더니 자기 앞에 있는 남자에게 불필요하게 큰 소리로 말했다.

"이런 일을 당하면, 정말이지 가야 하나 재고하게 된다니까요."

"어떤 일 말이오?"

덩치가 크고 우람한 상대방이 으르렁거렸다.

"글쎄, 솔직히 이런 인간들과 어울리는 데엔 익숙하지가 않아서요."

작은 남자Short Man가 대꾸했다.

"허!"

큰 남자Big Man가 말했다. 그러더니 나를 쳐다보며 이렇게 덧붙였다.

"저렇게 건방 떠는 소릴 듣고도 참을 작정이오, 선생? 저런 인간이 **겁나는 건** 아니겠고, 안 그래요?"

그래도 내가 꼼짝하지 않자 그는 작은 남자 쪽으로 홱 돌아서며 말했다.

"그래, 니가 우리보다 잘났다 이거지? 그 주둥이 한번 진짜 잘났구나."

다음 순간 큰 남자는 작은 남자의 얼굴에 주먹을 날렸고, 작은 남자는 길가 도랑에 얼굴을 처박고 뻗어 버렸다.

"쭉 뻗어서 쉬게 내버려 둬, 내버려 두라고."

큰 남자가 말했지만, 특별히 누구 들으라고 하는 말 같지는 않았다.

"난 평범한 놈이지만 남들처럼 내 권리는 찾아야겠다 이 말씀이야."

작은 남자는 다시 줄에 끼고 싶은 마음이 사라진 듯했고, 얼마 후 절뚝거리며 멀리 사라져 버렸다. 나는 조심스럽게 큰 남자 뒤에 바짝 붙어 섰다. 그리고 속으로 한 자리 더 앞에 서게 된 걸 기뻐했다. 잠시 후 큰 남자 앞에 섰던 젊은 연인들도 서로 팔짱을 끼고 줄을 떠났다. 두 사람 다 바지 차림에 몸매가 날씬한 데다가 낄

낄거리는 목소리까지 높고 가늘어서 남자인지 여자인지 분간할 수 없었지만, 아무튼 둘 다 버스에 자리를 잡는 일보다는 상대방에게 정신이 팔려 있는 것이 분명했다.

"이 사람들이 다 탈 순 없겠어요."

나보다 네 자리 앞에 있던 여자가 말했다.

"5실링만 내면 자리를 바꿔 드리지."

누군가 말했다. 이윽고 짤랑거리는 돈 소리가 들리는가 싶더니, 곧이어 여자의 찢어질 듯한 비명이 나머지 사람들의 비웃는 소리에 뒤섞여 들려왔다. 사기 당한 여자는 자기 자리에서 뛰쳐나와 돈을 떼먹은 사기꾼을 덮쳤지만, 나머지 사람들이 여자를 줄에서 쫓아내고 곧 그 자리를 메워 버렸다. 이러저러하다 보니 버스 올 때가 한참 멀었는데도, 그럭저럭 다 탈 수 있을 만한 인원으로 줄어들었다.

마침내 도착한 버스는 아주 훌륭했다. 금빛 광채로 눈부시게 빛나고 있었으며, 근사한 문장紋章이 그려져 있었다. 운전사도 빛으로 가득 차 있는 듯했는데, 그는 운전하는 데 한 손밖에 쓰지 않았다. 다른 손은 비가 몰고 온 찐득한 수증기를 쫓아내려는 듯 얼굴 바로 앞에서 흔들어 대고 있었다. 그가 눈앞에 나타나자 줄 서 있던 사람들은 끄응 신음을 내뱉었다.

"**저 친구는** 굉장히 재밌게 지냈나 보군…… 기분이 더럽게 좋은가 봐…… 자기가 되게 잘난 줄 아는 모양이야…… 좀 **자연스**

럽게 굴면 어디가 덧나? 너무 잘나서 우리는 쳐다보기도 싫다는 건지 뭔지…… 자기가 무슨 대단한 존재나 되는 것처럼…… 버스의 저 미끈한 외관 하며 현란한 색깔이라니, 내 생각에 저건 정말 당치 않은 낭비야. 차라리 집에나 돈을 쓰지. 어휴! 저 운전사 놈 면상이나 한 대 후려쳐 주면 속이 시원하겠네."

하지만 운전사의 얼굴을 아무리 뜯어봐도, 이런 험담을 들을 만한 이유는 찾아볼 수 없었다. 내가 보기에는 그저 권위 있어 보이는 표정으로 자기가 맡은 일을 수행하는 데 골몰하고 있는 것 같았다.

줄을 서 있던 승객들은 버스 자리가 충분한데도 서로 먼저 올라타려고 암탉들처럼 싸움을 벌였다. 나는 마지막에 올라탔다. 버스는 반밖에 차지 않았고, 나는 다른 사람들과 멀찌감치 떨어져 맨 뒷자리에 자리를 잡았다. 그런데 금방 더벅머리 청년 한 사람이 다가오더니 내 옆자리에 앉는 것이었다. 그 사이 버스가 출발했다.

"제가 옆자리에 앉아도 기분 나빠하지 않으실 거라 생각했습니다. 다른 동행들에 대해 저와 똑같은 생각을 하시는 것 같았거든요. 왜들 이렇게 서로 가겠다고 우겨대는지 정말 모르겠어요. 어차피 가 봐도 좋아하지 않을 거면서 말이지요. 그냥 집에 있는 편이 훨씬 더 마음 편할 텐데. 하지만 저나 선생님 같은 분의 경우는 좀 다르지요."

"저 사람들은 **이곳**을 좋아하나 부죠?"

내가 물었다.

"뭐 어딘들 좋아하겠습니까? 그나마 여기가 제일 낫다는 거겠지요. 여기에는 영화관도 있고, 생선이나 감자튀김을 파는 가게들도 있고, 광고도 있고, 자기들이 원하는 건 다 있으니까요. 지적인 삶은 찾아볼 수도 없다는 끔찍한 사실에 어디 신경이나 쓸 위인들입니까? 여기 처음 왔을 때부터 뭔가 착오가 생겼다는 걸 알았어요. 처음 온 버스를 탔어야 하는 건데, 쓸데없이 돌아다니면서 여기 사람들을 깨워 보려고 헛수고를 했지 뭡니까? 전부터 알고 지내던 친구 몇 명을 찾아내서 작은 동아리를 만들려 했는데, 벌써 주변 사람들 수준으로 전락해 버린 것 같더라구요. 시릴 블렐로우 같은 사람은 여기 오기 전부터 좀 미심쩍게 여겼습니다. 전 그 사람이 잘못된 작풍으로 작품을 쓰고 있다는 생각을 늘 갖고 있었지요. 그래도 그는 최소한 지성인이라고 할 수 있어요. 창작에는 전혀 재능이 없었지만, 귀를 기울일 만한 비평은 좀 썼지요. 하지만 이제는 오만밖에 남은 게 없는 것 같습니다. 마지막으로 내 작품을 그에게 읽어 주려 했을 때는……, 아, 잠깐, 선생님께 그 작품을 보여 드리고 싶군요."

그가 주머니에서 꺼내는 것이 타이프라이터 활자가 찍힌 두터운 종이 묶음인 것을 알고 진저리를 치던 나는, 안경이 없으니 어쩌니 중얼거리다가, 갑자기 소리를 질렀다.

"와, 저것 봐요! 버스가 이륙했어요!"

내 말은 사실이었다. 몇백 피트 저 아래, 비에 젖은 도시의 지붕들이 비와 안개에 벌써 반쯤은 가려진 채, 봐도 봐도 끝간 데 없이 펼쳐져 있었다.

2

다행히 나는 오래지 않아 더벅머리 시인Tousle-Headed Poet에게서 풀려났다. 다른 승객이 대화에 끼어든 덕분이었다. 그러나 이미 그 시인에 대해 많은 것을 알게 된 다음이었다. 그는 유난히 억울한 일을 많이 당한 것 같았다. 부모는 한 번도 자식을 알아주지 않았고, 학교도 다섯 군데나 다녔지만 그의 재능과 성격을 키워 준 곳은 한 군데도 없었다. 설상가상으로 그는 시험 체제의 부당함과 부조리가 최악으로 작용한 사례에 속했다. 그는 대학에 들어가서야 비로소 이 모든 부당하고 억울한 일들이 단순한 우연의 소산이 아니라 우리 경제 체제의 불가피한 결과물임을 깨닫기 시작했다. 자본주의는 노동자들을 노예로 만드는 데 그치는 것이 아니라, 대중의 취향을 타락시키고 지성을 천박하게 만든다는 사실을 알게 된 것이다. 바로 그 때문에 우리의 교육 체제가 이 모양 이 꼴이며 새로운 천재가 나타나도 '알아보지' 못한다는 것이 그의 생각이었다. 그는 이러한 사실들을 발견하면서 공산주의자가 되었다. 그러나 전쟁이 터지고 러시아가 자본주의 국가들과 동맹을 맺는 것을 보면서 또 한 번 갈 곳 없이 소외되었으며, 양심적 징집 거부자가 되었다. 그 당시 어찌나 말 못할 수난을 겪었는지 그로 인해 가슴에 쓰라린 한을 품게 되었노라고 그는 고백했다. 그래서 미국으로 망명하면 자신이 추구하는 명분을 가장 잘 실현할 수 있 지 않을까 생각했다고 한다. 그러나 그때 미국도 전쟁에 참가했 다. 바로 그 시점에, 그는 스웨덴이야말로 진정 새롭고 급진적인 예술의 고향이라는 걸 문득 깨달았다. 하지만 각양각색의 억압자 들 때문에 스웨덴으로 망명할 틈이 없었다. 일단 돈이 문제였다. 빅토리아 시대의 혹독한 안일주의와 속물 근성을 한 치도 탈피하 지 못했던 아버지가 주는 돈이라고는 매월 한심하다 못해 쥐꼬리 만한 이자 수입뿐이었다. 게다가 그는 어떤 여자에게 실연까지 심 하게 당했다. 그는 그 여자를 몹시 세련된 교양을 갖춘 성인으로 생각했는데, 뜻밖에도 어느 날 부르주아의 편견으로 똘똘 뭉친 데 다가 일부일처제적 본능까지 지닌 정체를 드러냈던 것이다. 질투 와 소유욕은 청년이 특히 혐오하는 자질들이었다. 알고 보니 그 여자는 돈 문제에 인색하기까지 했다. 정말 그로서는 참을 수 없 는 일이었다. 그래서 그는 기차 밑에 몸을 던졌다……

나는 그 말에 흠칫 놀랐지만, 청년은 전혀 눈치채지 못했다.

청년은 그 후에도 불운이 자신을 쫓아다녔다며, 이야기를 계속했다. 그는 회색 도시로 보내졌다. 물론 그것은 착오였다. 그는 나나 다른 승객들은 돌아오는 버스를 타게 되겠지만, 자기 모습은두 번 다시 보지 못할 것이라고 장담했다. 자기는 '거기' 남겠다는것이었다. 드디어 자신의 섬세한 비판 정신이 주위의 적대적 환경으로 인해 억울하게 폄하되지 않는 곳에 가게 되었다고 그는 굳게믿고 있었다. 거기 가면 마침내 '인정'과 '정당한 평가'를 받게 될것이라고 말이다. 한편 내가 안경이 없는 관계로 청년은 시릴 블렐로우가 무정하게 혹평했던 구절을 직접 읽어 주려고 했다…….

바로 그때 사고가 생겼다. 버스 안에서 끊임없이 들끓고 있던말다툼이 결국 수위를 넘는 바람에, 잠깐 동안 사람들이 우르르도망을 다니는 소동이 벌어진 것이다. 칼을 휘두르기도 하고 권총을 쏘아 대기도 했지만, 이상하게도 그런 소동들이 별로 해롭게느껴지지는 않았다. 소동이 다 끝났을 때, 나는 다친 데 없이 무사했다. 나도 모르게 다른 자리, 다른 사람 옆에 앉게 되긴 했지만 말이다. 그는 지적인 인상을 풍기는 남자였는데 약간 주먹코에 둥근중산모를 쓰고 있었다. 나는 차창 밖을 보았다. 이제 고도가 높아져서 저 아래 풍경의 형체가 잘 보이지 않았다. 들판이나 강이나산은 전혀 보이지 않았다. 어쩐지 회색 도시가 아직도 시야를 꽉채우고 있는 듯한 느낌이 들었다.

"어마어마한 도시예요."

내가 먼저 말을 걸었다.

"그런데 바로 그 점이 이해가 안 된단 말입니다. 내가 본 지역은 텅텅 비어 있었어요. 전에는 더 많은 사람들이 살았을까요?"

"천만에요."

옆자리에 앉은 사내가 말했다.

"거리가 텅텅 빈 것은 거기 사람들이 툭하면 싸우기 때문입니다. 새로 온 사람들은 곧 한 거리에 자리를 잡고 정착합니다. 하지만 24시간도 못 되어 이웃과 싸움이 벌어지지요. 일주일도 지나기 전에 싸움은 심각한 수준으로 발전하고, 그 사람은 참다못해 이사 갈 마음을 먹습니다. 그래서 옆 거리로 가 보면, 거기도 텅 비어 있기 십상입니다. 거기 사람들도 다 이웃과 싸움을 한 끝에 이사를 가 버린 거지요. 그러면 그 사람은 거기 정착합니다. 만에 하나라도 거리의 집들이 차 있을 경우에는 더 먼 곳을 찾습니다. 굳이 머물러 있어 봤자 마찬가지거든요. 머지 않아 또 다른 싸움에 휘말려 이사를 가야 할 게 뻔합니다. 그러다가 결국 마을 끝까지 옮겨가 새 집을 짓는 거지요. 이 도시에서는 집짓기가 아주 수월해요. **생각만 하면** 뚝딱 지어지니까요. 그래서 도시가 자꾸 확장되는 겁니다."

"그러면 빈 거리가 점점 늘어나겠네요."

"그렇지요. 그리고 우리 도시는 시간이 좀 이상하게 흘러요. 우리가 버스를 탔던 곳은 지상을 떠나 온 신규 이주자들의 도착 지점인 '시민회관'에서 수천 마일이나 떨어져 있습니다. 당신이 본 사람들은 전부 버스 정류장 근처에 사는 이들입니다. 그들은 조금씩 더 먼 곳으로 이사하다가 결국 수백 년 만에—그러니까 우리 시간으로 말이죠—지금 사는 곳에 정착하게 된 겁니다."

"그럼 그보다 더 일찍 도착한 사람들은 어디로 간 겁니까? 그러니까 제 말은, 그보다 훨씬 더 먼 옛날에 지구를 떠나 당신네 도시로 온 사람들이 있지 않느냐는 겁니다."

"맞습니다. 그런 사람들이 있지요. 그 사람들은 지금도 계속해서 이사를 다니고 있어요. 서로 점점 더 멀어지고 있는 겁니다. 이젠 너무 까마득하게 멀어져서 버스 정류장으로 돌아오겠다는 생각조차 못할 정도입니다. 거기에서 여기까지는 천문학적으로 먼 거리거든요. 제가 사는 곳 근처에 구릉이 하나 있는데, 거기 사는 사람 하나가 망원경을 갖고 있어요. 그 망원경으로 보면 수백만 마일 떨어진 곳에 옛날에 왔던 사람들이 살고 있는 집에서 새어 나오는 불빛이 보입니다. 우리가 사는 곳에서도 수백만 마일 떨어져 있지만, 자기들끼리도 수백만 마일씩 떨어져 있어요. 지금도 계속 서로에게서 더 멀리 옮겨 가고 있는 중이구요. 아쉽군요. 당신이 흥미로운 역사적 인물들을 만날 수 있었다면 좋았을 텐데. 그러나 절대 못 만납니다. 너무 멀리 있거든요."

"그 사람들도 출발하기만 하면, 제때 정류장에 올 수 있지 않을까요?"

"글쎄, 이론적으로는 그렇지요. 하지만 몇 광년은 걸릴걸요. 그리고 지금은 별로 그러고 싶은 마음들도 없을 겁니다. 탬벌레인이나 칭기즈칸, 율리우스 카이사르나 헨리 5세처럼 오래된 사람들은 더 그렇겠지요."

"떠날 마음들이 없다고요?"

"그래요. 그나마 옛 사람들 중에 제일 가까운 곳에 사는 사람이 나폴레옹입니다. 어떤 사람들이 나폴레옹을 만나러 여행을 떠난 덕분에 알게 된 사실이지요. 물론 그 두 사람이 떠난 건 제가 여기 오기 한참 전의 일이었지만, 마침내 그들이 다시 돌아왔을 때는 저도 있었거든요. 우리 시간으로 만오천 년쯤 걸렸다더군요. 그때쯤엔 우리도 그 집을 식별할 수 있었어요. 수백만 마일 내에 아주 작은 불빛 딱 한 점만 있었으니까요."

"그런데 그 두 사람은 목적지에 도착했답니까?"

"그렇대요. 나폴레옹은 프랑스 제정시대 풍으로 어마어마한 저택을 짓고 살고 있다더군요. 줄줄이 늘어선 수십 개의 창문에서 불빛이 뿜어 나온답니다. 제가 사는 곳에서는 작은 점 하나로만 보이는데 말이지요."

"나폴레옹을 봤대요?"

"그렇다는군요. 올라가서 창문 하나를 들여다보았는데, 나폴레옹이 거기 있었답니다."

"뭘 하고 있었는데요?"

"그냥 왔다 갔다 하더랍니다. 내내 방 안을 왔다 갔다 하더래
요. 오른쪽, 왼쪽, 오른쪽, 왼쪽, 한순간도 쉬지 않고요. 그 두 사
람이 일 년쯤 지켜봤는데 정말 한 번도 쉬지 않더랍니다. 그리고
내내 혼자 중얼거리고 있더라는군요. '다 슐트 잘못이었어. 네이
잘못이었어. 조제핀 잘못이었어. 러시아인들이 잘못했어. 영국인
들이 잘못했어' 하면서요. 땅딸막한 사람인데 좀 피곤해 보이더랍
니다. 그런데도 도저히 멈출 수가 없는 것 같더래요."

자리가 흔들리고 있는 것으로 보아 버스는 계속 나아가고 있는
듯했다. 그러나 차창에는 그 사실을 확인해 줄 만한 풍경이 전혀
나타나지 않았다. 위도 아래도 회색의 허공뿐이었다.

"그러면 그 도시는 계속해서 무한정 확장되는 겁니까?"

내가 말했다.

"그렇겠지요."

지적인 남자Intelligent Man가 대답했다.

"누군가 나서서 조치를 취하지 않는다면 말이지요."

"어떻게 조치를 취해야 하는데요?"

"글쎄, 사실을 말씀드리자면, 선생하고 저하고 이 벽밖에 모르
는 비밀인데, 제가 하려는 일이 바로 그겁니다. 이곳의 문제가 뭐
라고 생각합니까? 툭하면 싸우는 거? 그게 아닙니다. 그건 그저
인간의 본성으로, 지구에서 살 때도 늘 그 모양이었지요. 문제는

그들에게는 '필요'라는 게 전혀 없다는 데 있습니다. 상상만 하면 뭐든지 얻을 수 있으니까요(물론 질은 한참 떨어집니다). 그러니 다른 거리로 이사를 간다거나 아예 새로운 거리를 하나 만든다고 해도 비용 한 푼 안 들거니와 전혀 수고스럽지도 않단 말입니다. 다시 말하면 지역 사회 생활에 기반이 될 만한 경제활동이 하나도 없다는 뜻이지요. 그러나 만일 진짜 가게가 필요해지면 사람들이 그 근처에 살게 될 겁니다. 진짜 집이 필요해지면 건설업자 근처에 살게 되겠지요. 희소성이야말로 사회의 존재 기반입니다. 바로 그래서 제가 나서야 하는 겁니다. 저는 지금 일신의 건강을 위해 떠나는 게 아닙니다. 솔직히 저 위의 삶이 저한테 맞을 것 같진 않아요. 하지만 뭐라도 좀 '현실적인' 상품을 가지고 돌아올 수만 있다면—그러니까 진짜로 씹거나 마시거나 깔고 앉을 만한 물건들을 가져올 수 있다면—우리 도시에서 굉장한 수요를 확보할 수 있을 테고, 자그마한 사업을 시작할 수 있을 겁니다. 뭐든지 팔 만한 물건을 마련하기만 하면, 그 근처에 사람들이 살기 시작하겠지요. 즉 인구 집중화가 이루어지는 겁니다. 지금은 사람들이 수백만 마일도 넘는 텅텅 빈 거리에 흩어져 살고 있지만, 그 사람들을 한데 모아 꽉꽉 채우면 거리 두 개만 있어도 충분할 겁니다. 그러니까 저로서는 짭짤한 수입도 챙기면서 사회에도 공헌하는 셈이지요."

"**할 수 없이** 모여 살게 되면 차츰 싸우지 않는 법도 배우게 될 거라는 말씀인가요?"

"글쎄, 그건 잘 모르겠군요. 하지만 적어도 조금은 잠잠해질 거라고 감히 말씀드릴 수 있습니다. 경찰 병력이 형성될 테니까요. 그 사람들은 좀 때려서 길들일 필요가 있습니다. 어쨌든 간에(여기서 그는 목소리를 낮추었다) 지금보다는 **나을** 겁니다. 이 점은 다들 인정하는 바이지요. 모여 있으면 아무래도 안전한 법이니까요."

"뭐 때문에 안전이 필요한데요?"

내가 질문을 꺼내려 하자, 동행이 조용히 하라며 옆구리를 찔러 댔다. 그래서 질문을 바꾸었다.

"하지만 생각해 보십시오. 상상만 하면 뭐든지 얻을 수 있는데, 당신이 말하는 '진짜' 물건들을 군이 갖고 싶어하겠습니까?"

"네? 글쎄요, 진짜 비를 막아 주는 집 같은 건 좋아할걸요."

"그럼 지금 집들은 비를 못 막는단 말씀입니까?"

"아, 당연하지요. 어떻게 비를 막겠습니까?"

"그러면 도대체 그런 집들을 뭐 하러 짓는 겁니까?"

지적인 남자는 얼굴을 내게 바싹 들이밀었다.

"역시 안전상의 문제 때문이지요."

그가 중얼거렸다.

"적어도 안전하다는 느낌은 가질 수 있잖아요. **지금은** 괜찮지만, 나중에는…… 왜, 당신도 알잖습니까?"

"뭘 말입니까?"

나는 무의식적으로 목소리를 낮추어 거의 속삭이다시피 했다.

그는 내가 당연히 입 모양만 보고도 이해할 수 있다고 생각했는지, 소리 없이 한참 설명을 했다. 나는 그의 입술 근처에 귀를 갖다 댔다.

"좀 크게 말해요."

그가 입술을 달싹거리며 말했다.

"금세 어두워질 거라구요."

"그러면 이 저녁이 정말 밤이 **되는** 때가 온다는 건가요?"

그가 고개를 끄덕였다.

"하지만 그게 무슨 상관이지요?"

내가 말했다.

"그러니까…… 밤에 나다니고 싶어하는 사람은 아무도 없거든요."

"왜요?"

그의 대답이 어찌나 은밀하고 아리송한지 나는 몇 번이나 다시 말해 달라고 부탁해야 했다. 그는 약간 짜증을 내면서 다시 말해 주었는데(원래 속삭이며 말하는 사람들은 쉽게 짜증을 내는 법이다), 나는 목소리를 낮추는 걸 깜박 잊고 그만 큰 소리로 대답하고 말았다.

"'그들'이 대체 누굽니까? 그들이 무슨 짓을 한다고 이렇게 겁을 내는 거지요? 어두울 때 밖에 나가면 왜 안 됩니까? 그리고 설사 위험이 있다 한들 상상으로 만든 집이 어떻게 지켜 준단 말인가요?"

"이것 봐라!"

큰 남자가 소리를 질렀다.

"누가 그 따위 이야기를 조잘조잘 떠들고 있는 거야? 거기 두 사람, 어디로 피신하고 싶지 않으면 속살거리는 짓 당장 멈춰, 알겠어? 그런 유언비어를 퍼뜨리다니, 아이키, 입 닥치라구, 알겠어?"

"그러게 말이야. 정말 기가 막히는군. 저런 짓은 마땅히 처벌해야 해. 저런 녀석들이 어떻게 버스에 탔지?"

다른 승객들이 으르렁거렸다. 내 앞자리에 앉아 있던, 깨끗이 면도한 뚱뚱한 남자가 내 쪽으로 몸을 기울이더니 교양 있는 목소리로 말을 걸었다.

"미안합니다. 하지만 두 분의 대화를 약간 엿듣지 않을 수 없었지요. 정말이지 이런 원시적인 미신이 어떻게 지속되고 있는지 알수가 없군요. 저, 뭐라고 하셨죠? 아, 저런, 그게 전부예요. 이 어스름이 결국 밤으로 넘어가는 거라는 증거는 눈곱만큼도 없습니다. 이른바 식자층은 그 문제에 관해 이미 의식의 혁명을 겪었지요. 그 얘기를 듣지 못하셨다니 놀랍군요. 우리는 끔찍한 악몽 같은 조상들의 망상을 열심히 쓸어 없애고 있는 중인데 말입니다. 우리가 이 차분하고 섬세한 어스름 속에서 보고 있는 것은 여명의 약속입니다. 온 나라가 천천히 빛을 향해 나아가고 있단 말입니다. 물론 너무 느려서 알아볼 수 없긴 하지만. '대낮의 햇살이 꼭 동쪽 창문으로만 스며드는 건 아니라네'라는 말도 있잖습니까? 그리고 아시다시피 저 친구가 말하는 '진짜' 상품에 대한 열망은 물질주의에 불과해요. 퇴보적인 생각이지요. 세속에 얽매인 태도 아닙니까! 물질에 연연하다니. **우리는** 이 영적인 도시를—결점이 많긴 하지만 그래도 영적인 건 사실이지요—귀찮기 짝이 없는 물질의 구속에서 해방되어 이제 막 날개를 퍼덕이기 시작한 인간의 창조적 기능을 육성하는 요람으로 보고 있습니다. 정말 숭고한 생각 아닙니까?"

몇 시간이 지나자 변화가 일어났다. 버스 안이 밝아지기 시작한 것이다. 차창 밖으로 보이던 회색이 진흙 빛에서 자개 빛으로 변했다가 아주 희미한 푸른빛이 되더니 눈을 찌르듯 밝은 청색이 되었다. 우리는 순전한 진공 상태로 둥둥 떠 있는 것 같았다. 땅도, 태양도, 별도 보이지 않았다. 온통 환하게 빛나는 심연뿐이었다. 나는 옆 창문을 열었다. 신선하고 상쾌한 공기가 들어오는가 했는데, 다음 순간—

"무슨 짓이에요?"

지적인 남자가 거칠게 달려들더니 창문을 확 닫아 버렸다.

"우리를 전부 감기에 걸려 죽게 만들고 싶어요?"

"한 대 갈겨 버려."

큰 남자가 말했다.

나는 버스 안을 흘낏 둘러보았다. 창문이 다 닫혀서 금방 후텁지근해진 버스 안은 빛으로 가득 차 있었다. 잔인한 빛이었다. 나를 둘러싸고 있는 이들의 형체와 얼굴을 보았을 때 나는 움찔할 수밖에 없었다. 변화의 가능성이라고는 전혀 없는, 완강하게 고정되어 있는 얼굴들이었다. 수척한 얼굴도 있고, 퉁퉁 불어 오른 얼굴도 있고, 백치 같은 야수성으로 으르렁거리는 얼굴도 있고, 구제불능의 몽상에 잠긴 얼굴들도 있었다. 하지만 하나같이 어딘가 왜곡되거나 희미한 모습이었다. 빛이 더 강렬해지면 언제든지 산산조각으로 부서져 버릴 것만 같았다. 그리고 나는—버스 끝 벽에 거울이 하나 있었다—내 모습을 보았다.

　빛이 점점 더 강렬해지고 있었다.

3

절벽이 앞에 모습을 드러냈다. 절벽 바닥이 버스 바로 밑에 있었던 탓에 지금까지는 눈에 보이지 않았던 것이다. 절벽은 어둡고 매끄러웠다. 우리는 그동안 절벽 위로 상승하고 있었다. 마침내 절벽 꼭대기가 팽팽하게 당겨진 악기의 현 같은 에메랄드 빛 가느다란 선線을 드러냈다. 우리는 곧 그 위를 활공滑空했다. 버스는 한가운데 넓은 강이 흐르는, 굴곡이 없고 평평한 초원 위로 비행했다. 우리는 하강하는 중이었다. 제일 높은 나무 꼭대기가 불과 20피트 아래 솟아 있었다. 그러다가 버스가 갑자기 정차했다. 모두들 자리에서 벌떡 일어났다. 동행했던 승객들이 서로 먼저 내리겠다고 싸우는 동안, 욕설과 조롱이 난무하고 주먹질과 입에 담기 힘든 악담들이 오갔다. 잠시 후, 승객 전원이 하차에 성공했다. 버스에 혼자 남아 있는데, 상쾌한 고요 속에 종달새의 노래 소리가 열린 차 문 사이로 들려왔다.

나는 밖으로 나왔다. 온몸을 저시는 빛과 시원한 공기가 마치 태양이 뜨기 1, 2분 전 여름날 새벽 같았지만, 확실히 다른 점도 있었다. 아주 너른 공간, 전에 보았던 그 어떤 공간보다 너른 **종류**의 공간에 와 있다는 느낌이 들었던 것이다. 나는 태양계마저 실내처럼 느끼게 만드는 '밖'에 나와 있었다. 해방감도 있긴 했지만, 무방비 상태로 노출되었다는 느낌, 어쩌면 위험에 노출되어 있을지도 모른다는 느낌이 들었다. 사실 그것은 그동안 내내 떨칠 수 없었던 느낌이기도 했다. 그 느낌을 말로 전달할 수는 없다는 사실, 아니 내가 계속 말을 하는 동안에도 그 느낌을 상기시킬 수는 없다는 사실을 생각할 때, 과연 내가 보고들은 것들의 진정한 본질을 전달한다는 게 가능할 것 같지가 않아서 좌절이 된다.

물론 처음에 나는 동료 승객들을 살펴보느라 여념이 없었다. 몇 사람은 그 풍경 속으로 한 발 한 발 조심스레 발을 내딛기도 했지만, 대부분의 승객들은 여전히 버스 근처에 삼삼오오 모여 있었다. 나는 그들의 모습에 숨이 헉 막혔다. 빛 한복판에 완전히 노출되어 있는 그들은 투명했다. 빛을 배후로 서 있을 때는 완전히 투명했고, 나무 그늘 속에 들어가 있을 때는 불투명한 부분이 생겨서 얼룩얼룩하게 보였다. 사실 그들은 유령이었다. 찬연한 공기위에 묻어 있는 인간 형상의 얼룩이었다. 창유리에 묻은 먼지처럼, 보는 사람의 마음에 따라 눈여겨볼 수도 있고 무시할 수도 있는 존재였다. 나는 그들이 밟고 가는 풀이 휘어지지 않는 것을 보았다. 풀잎에 맺힌 이슬 한 방울조차 흔들리지 않았다.

그런데 바로 그 다음 순간, 정신의 주파수가 재조정되었는지 눈의 초점이 제대로 맞추어졌는지, 모든 현상이 거꾸로 보였다. 사람들은 전과 똑같았다. 내가 알던 모습 그대로였다. 달라진 것은 빛과 풀과 나무였다. 그것들은 무언가 다른 재료로 만들어진 듯, 우리가 살던 나라의 빛이나 풀이나 나무보다 훨씬 견고해서 상대적으로 사람들을 유령처럼 보이게 만드는 것 같았다. 나는 문득 머리를 스친 이 생각이 맞는지 확인해 보려고, 허리를 굽혀 발 밑에 있는 데이지 꽃 한 송이를 잡아 뽑아 보았다. 줄기가 꺾이지 않았다. 비틀어 보려고 했지만 그 역시 허사였다. 이마에 땀이 맺히도록 힘을 주어 당겨 보았지만, 오히려 내 손바닥 껍질이 벗겨져 버렸다. 그 작은 꽃 한 송이는 아주 단단했다. 나무처럼 단단한 것도 아니고, 강철처럼 단단한 것도 아니었다. 꽃은 다이아몬드처럼 단단했다. 바로 옆 풀밭에는 잎새 하나가 떨어져 있었다. 어리고 보드라운 너도밤나무 잎새였다. 나는 그것을 들어올리려 해 보았다. 심장이 터질 정도로 애를 쓴 끝에 겨우 들어올리나 했는데, 금세 내려놓지 않을 수 없었다. 그 잎새는 석탄 부대보다 무거웠다. 헉헉 숨을 몰아쉬며 데이지 꽃을 내려다보니, 꽃은 내 두 발 사이에만 솟아 있는 것이 아니라 발 자체를 뚫고 솟아 있었다. 나 역시 다른 승객들처럼 유령이었던 것이다. 그것을 알게 되었을 때의 공포감을 이 세상 어떤 말로 표현할 수 있을까? 나는 '아이고! 이젠 피할 수가 없겠구나' 하고 생각했다.

"싫어! 싫어! 소름끼쳐!"

누군가 비명을 질렀다. 유령 하나가 내 곁을 지나 쏜살같이 버스로 뛰어들었다. 내가 알기로 그 여자는 다시는 버스 밖으로 나오지 않았다.

다른 사람들은 마음을 정하지 못한 채 그 자리에 서 있었다.

"이봐요, 운전사 양반."

큰 남자가 운전사를 불렀다.

"우리 언제 돌아갑니까?"

"가고 싶지 않으면 영영 돌아가지 않으셔도 됩니다."

운전사가 대답했다.

"마음 내키는 대로 오래오래 계시다 가세요."

그러자 어색한 침묵이 흘렀다.

"정말 웃기는군."

내 귓전에서 또 한 목소리가 말했다. 비교적 말이 없고 점잖은 유령 하나가 내 곁으로 가만히 다가왔다.

"상부에서 무언가 착오를 일으킨 게 틀림없어요. 저런 인간 쓰레기들을 하루 종일 이런 곳에서 떠돌게 해 줘 봤자 무슨 소용이 있겠습니까? 저 꼴들을 보십시오. 전혀 즐거워하지 않고 있잖습니까? 저들은 집에 있는 편이 훨씬 더 행복했을 겁니다. 자기들이 뭘 해야 하는지도 모르는 위인들이에요."

"사실 저도 뭘 해야 하는지 잘 모르겠습니다. 여기에서 뭘 해야 하지요?"

내가 물었다.

"저요? 전 1, 2분만 기다리면 마중 나올 이들이 있습니다. 날 기다리고 있는 이들이지요. 그 부분은 걱정 없습니다. 하지만 여행 첫날부터 사방에 거치적거리는 떼거리들이라니, 그건 별로 유쾌하지가 못하군요. 빌어먹을! 애초에 여기 온 이유가 저 꼴들을 보기가 싫어서였는데!"

그러더니 그는 내게서 스르르 멀어져 갔다. 나는 주위를 둘러보기 시작했다. 그는 '떼거리'라는 표현을 썼지만, 그 광막한 고독의 공간 속에서 앞쪽에 모여 서 있는 유령들의 존재 같은 건 눈에 들어오지도 않았다. 녹음과 빛이 그들을 전부 삼켜 버린 것 같았다. 그런데 아득히 먼 저쪽으로, 거대한 구름 내지는 산맥 같은 것이 눈에 띄었다. 그 틈으로 가파른 숲과 깊이 패인 골짜기, 까마득한 산꼭대기에 자리잡은 고산 도시들의 형체가 언뜻언뜻 보이기도 했다. 그러나 또 어떻게 보면 형체를 알아볼 수 없이 뭉뚱그려져 보이기도 했다. 그 산의 높이가 얼마나 엄청난지, 생전의 눈을 가지고 있었다면 도저히 보지 못했을 정도였다. 산꼭대기를 덮은 빛이 경사를 따라 내려오면서 들판의 나무 하나 하나에 긴 그림자

37

를 만들어 내고 있었다. 시간이 흘러도 그 풍경에는 아무 변화도, 진전도 나타나지 않았다. 여명의 약속—또는 위협—은 저 높은 곳에 미동도 없이 미물러 있었다.

한참 뒤에야 나는 우리를 맞으러 온 이들을 보게 되었다. 그들은 워낙 빛이 나서 아주 멀리서부터 눈에 띄었다. 처음에는 사람인 줄 몰랐다. 그들은 조금씩 조금씩 다가왔다. 강인한 발로 촉촉한 땅을 밟을 때마다 땅이 흔들리는 것이 느껴졌다. 그들이 풀잎을 밟고 이슬을 흩어 버린 자리마다 희미한 아지랑이가 올라오고 달콤한 향내가 풍겨 났다. 다 벗고 있는 이들도 있었고, 긴 옷을 걸친 이들도 있었다. 그러나 벗고 있는 이들도 치장이 더 필요하다는 생각이 들지 않았고, 옷을 입고 있는 사람도 단단한 근육의 위세와 빛이 나는 듯 매끄러운 몸이 그대로 드러나 보였다. 수염을 기른 이들도 있었지만, 딱히 몇 살인지 짐작할 수 있는 사람은 아무도 없었다. 우리가 사는 나라에서도 나이를 가늠하기 어려운 경우를 보게 될 때가 있다. 아기의 얼굴에 진중한 사색의 표정이 스치거나 연로한 노인의 얼굴에 아이의 발랄함이 깃들 때처럼 말이다. 그들이 모두 그러했다. 그들은 계속 다가왔다. 그 느낌이 썩 좋지만은 않았다. 유령 중 두 사람은 비명을 질러 대며 버스로 도망쳐 버렸다. 나머지는 서로에게 더 바싹 다가들었다.

4

그 견고한 영들Solid People이 여전히 다가오는 것을 보면서, 나는 그들이 우리 유령들 중 누구와 각각 동행할 것인지 미리 정해놓기라도 한 양 질서정연하면서도 단호하게 움직이고 있음을 눈치챘다.

'딱한 광경이 벌어지겠군.'

나는 생각했다.

'아예 보지 않는 편이 낫겠어.'

그래서 주위를 좀 살펴보겠다는 핑계를 대며 옆으로 슬쩍 빠져버렸다. 오른쪽에 있는 거대한 삼나무 숲이 매혹적으로 보여서 그리로 들어갔다. 생각보다 걷기가 힘들었다. 허울뿐인 발에 다이아몬드처럼 딱딱하게 와 닿는 풀들 때문에 마치 골이 여러 겹 패인 바위를 걷는 듯했고, 한스 안데르센의 동화에 나오는 인어공주처럼 발을 찌르는 통증에 시달려야 했다. 내 앞을 가로지르며 날아가는 새가 부러웠다. 그 새는 이 나라의 일원으로서, 풀처럼 실재하고 있었다. 새는 풀줄기를 휘게 할 수도 있었고 이슬을 후두둑 흩어 버릴 수도 있었다.

이런 생각을 함과 동시에 내가 '큰 남자'라고 불렀던—더 정확히 말하면 '큰 유령Big Ghost'이라고 해야 할—유령이 내 뒤에 와 있는 것을 보았다. 빛나는 영 하나가 그를 뒤따르고 있었다.

"절 모르시겠어요?"

그 빛나는 영이 유령에게 소리쳤다. 나는 뒤를 돌아보지 않을 수 없었다. 그 견고한 영—그는 긴 옷을 입고 있었다—의 얼굴을 보고 있자니 춤을 추고 싶은 기분이 들었다. 그만큼 흔들림 없는 젊음과 발랄함이 넘치는 얼굴이었다.

"빌어먹을!"

유령이 말했다.

"정말 믿어지지 않는군. 완전히 한 대 얻어맞은 기분이야. 이건 정당하지가 않아, 렌, 안 그래? 불쌍한 잭은 어떡하냐구, 엉? 넌 기분이 삼삼한 모양이지만, 그래도 할 말은 해야겠어. 불쌍한 잭은 어떡하냐구?"

"잭도 여기 있습니다. 여기 머무시면 곧 만나게 될 거예요."

"하지만 자네가 그 친구를 죽였잖아."

"물론 그랬지요. 하지만 이젠 괜찮습니다."

"괜찮다고? 자네야 물론 괜찮겠지. 하지만 차가운 시체가 되어 버린 그 불쌍한 인간은 어떡하지?"

"잭은 더 이상 차가운 시체가 아닙니다. 말했잖습니까, 곧 만나게 되실 거라고. 잭이 사장님께 안부를 전해 달라더군요."

"내가 알고 싶은 건, 자네가 무슨 용건으로 여기 있냐는 거야. 그것도 기분이 째져 가지고. 내가 그 숱한 세월 이 거리 저 거리 전전하며 돼지우리 같은 집에 사는 동안, 자네 같은 살인자가 여기서 희희낙락하고 있다니, 원."

"처음엔 좀 이해하기가 어렵지요. 하지만 이젠 다 끝난 일입니다. 사장님도 곧 그 일에 대해 기뻐하시게 될 겁니다. 그 전까지는 그 일로 심려하실 필요가 없어요."

"심려할 필요가 없다고? 그런 말을 하다니, 부끄럽지도 않나?"

"아뇨. 사장님의 말뜻대로라면 전혀 부끄럽지 않습니다. 저는 저 자신을 보지 않거든요. 저 자신에 대해서라면 이미 포기했습니다. 살인을 저지르고 난 후부터는 자신에게 무슨 기대를 하려야 할 수가 없었지요. 그 일 때문에 제가 이렇게 변한 겁니다. 그 일이 모든 것의 출발점이었어요."

"개인적으로,"

큰 유령은 이 말이 본래 의미와 정반대로 들리도록 힘을 주어 가며 말했다.

"개인적으로, 난 자네와 내 처지가 정반대가 될 거라고 생각했어. 그게 내 개인적인 의견이야."

"곧 그렇게 될 수도 있습니다. 그 생각만 떨쳐 버리신다면 말입니다."

상대방이 말했다.

"이봐,"

유령이 자기 가슴을 치며 말했다(하지만 아무리 쳐도 소리는 나지 않았다).

"난 평생을 반듯하게 살아왔어. 그렇다고 내가 종교적인 사람이었다는 말도 아니고, 잘못 하나 저지르지 않았다는 말도 아니야. 사실 그런 것과는 좀 거리가 있지. 하지만 난 평생 최선을 다해 살았다구, 알겠어? 난 모든 인간에게 최선을 다했지. 난 그런 사람이었어. 난 내 거 아닌 걸 탐낸 적이 한 번도 없어. 한 잔 하고 싶으면 내 돈 주고 사 마셨고 내가 일한 만큼 벌어먹고 살았다구, 알겠어? 누가 알아주든 말든 난 원래가 그런 사람이었다구."

"그 문제는 더 물고 늘어지지 않는 편이 좋겠네요."

"물고 늘어지긴 누가 물고 늘어져? 난 지금 싸우자는 게 아냐. 그냥 내가 어떤 사람인지 말해 주려는 것뿐이라구, 알겠어? 내가 바라는 건 딱 하나, 내 권리를 찾는 거야. 자넨 그런 옷을(내 밑에서 일할 때는 입지 않았던 옷을) 입고 있으니 이젠 날 누를 수 있다고 생각할 수도 있겠지. 난 한낱 불쌍한 인간일 뿐이고. 그렇다 해도 나

역시 자네와 똑같은 권리를 가지고 있다구, 알겠어?"

"아, 그렇지 않아요. 사장님 생각처럼 지금 상황이 나쁜 건 아닙니다. 저는 여기서 제 권리를 찾은 게 아닙니다. 그런 걸 찾으려 들었다면 이렇게 여기 있지도 못했겠지요. 사장님도 사장님 권리를 찾지는 못할 겁니다. 하지만 권리보다 훨씬 좋은 것을 받을 테니 겁내지 마세요."

"내 말이 바로 그 말이야. 난 내 권리를 찾지 못했다고. 항상 최선을 다했고 나쁜 짓을 한 적도 없는데, 도대체 내가 왜 자네같이 더러운 살인자보다 못한 취급을 받아야 하는지 모르겠어."

"저보다 못한 취급을 받을지 아닐지 어떻게 아십니까? 그러니 그냥 즐거운 마음으로 저와 함께 가시지요."

"왜 자꾸 시비를 거는 거야? 난 그냥 내가 어떤 사람인지 말해 주려는 것뿐인데. 난 내 권리를 찾고 싶을 뿐이야. 엄청난 자비를 베풀어 달라는 게 아니라구."

"아니, 그렇게 구하세요, 지금 당장. 엄청난 자비를 베풀어 달라고 구하세요. 여기에서는 무엇이든 돈을 주고 사는 것이 아니라, 구해서 얻게 되어 있습니다."

"자네한텐 잘된 일이로군, 안 그래? 마지막 순간에 불쌍하게 좀 삐죽거렸다고 해서 자네처럼 더러운 살인자도 받아 주기로 결정한 모양인데, 그러든 말든 내 알 바는 아니지. 하지만 적어도 내가 자네랑 한 배에 올라탈 줄 아나? 내가 왜? 난 자비 따윈 필요 없

어. 난 점잖은 사람이고, 내 권리만 제대로 찾았다면 벌써 오래 전
에 이곳에 와 있었을 사람이야. 가서 그렇게 전하라구."

상대방은 고개를 흔들었다.

"그러지 마세요. 계속 그러시면 우리 풀을 밟을 수 있을 만큼 발
이 단단해지지가 않습니다. 산까지 가기도 전에 지쳐 떨어질걸요.
그리고 솔직히 사장님 말씀은 사실도 아니잖습니까?"

이렇게 말하는 영의 눈동자에 웃음기가 돌았다.

"뭐가 사실이 아니란 거야?"

유령이 퉁명스레 물었다.

"사장님은 점잖은 사람도 아니었고 최선을 다해 살지도 않았지
요. 여기 있는 우리 중에 점잖았거나 최선을 다해 살았던 사람은
아무도 없어요. 그러나 주님이 사장님을 축복하시기를! 사실 그런
건 전혀 중요한 사실이 아닙니다. 그런 얘긴 할 필요가 없어요."

"자네!"

유령이 숨을 헐떡였다.

"**자네가** 감히 **나한테** 점잖지 않단 말을 할 수 있어?"

"물론 할 수 있지요. 제가 여기에서 다 얘기해야겠습니까? 일단
한 가지만 말씀드리지요. 불쌍한 잭을 죽인 것은 제가 저지른 짓
중에 가장 나쁜 것이었다고 할 수 없습니다. 그건 반쯤 미친 상태
에서 순간적으로 저지른 일이었지요. 그러나 사장님에 대해 생각
할 때는, 마음속에서 정말 고의적으로 죽여 버릴 때가 많았습니

다. 기회만 온다면 어떻게 죽일지를 궁리하며 뜬눈으로 밤을 새우
곤 했어요. 그래서 지금 이렇게 사장님한테 보냄을 받은 겁니다.
사장님께 용서를 구하고, 시중들 사람이 필요할 때까지 그 일을
하도록 말이지요. 사장님이 원하시면 더 오래 시중들어 드리겠습
니다. 저는 아주 형편없는 인간이었어요. 하지만 사장님 밑에서
일했던 사람들은 전부 저와 똑같은 심정을 가지고 있었습니다. 사
장님은 정말 우리에게 가혹했습니다. 사모님과 아이들에게도 가
혹했구요."

"신경 끄시지, 젊은 친구!"

유령이 말했다.

"자네가 왈가왈부할 일이 아니야, 알겠어? 내 사생활을 갖고 이
래라 저래라 하지 말라구!"

"사생활이란 건 없습니다."

"그럼 이 말은 어때? 썩 꺼져, 알겠어? 난 네 녀석이 필요 없어.
내가 아무리 불쌍한 인간이라도 살인자와 어울릴 생각은 전혀 없
다구. 더구나 살인자한테 훈계까지 들을 것 같아? 내가 네 녀석이
랑 너희 따위 놈들한테 가혹하게 굴었다고? 네 녀석을 다시 그때
로 데리고 돌아갈 수만 있다면, 노동이란 게 뭔지 아주 실감나게
보여 주지."

"지금 저랑 가서 보여 주세요."

상대방이 웃음이 묻어나는 소리로 말했다.

"산에 가는 건 즐거운 일이지만, 그만큼 해야 할 일도 많으니까요."

"내기 네 녀석이랑 갈 거라고 생각하진 않겠지?"

"거절하지 마세요. 혼자서는 절대 못 갑니다. 그리고 선 사장님께 보냄을 받았는걸요."

"오호, 그런 꼼수가 숨어 있었군 그래?"

유령이 소리쳤다. 겉으로는 억울해하는 것 같았지만, 그 목소리에는 일종의 승리감이 깔려 있는 것 같았다. 자기가 애원을 받아 주는 입장이 되었다는 승리감 말이다. 유령은 거절할 수 있는 자리에 있었다. 그는 이것을 유리한 상황으로 여기는 것 같았다.

"빌어먹을, 말도 안 돼! 내 이럴 줄 알았다니까. 다 한통속이야, 지독한 놈들! 그놈들한테 난 안 간다고 전해, 알겠어? 네 녀석과 같이 가느니 차라리 저주를 받겠어. 난 내 권리를 찾으려고 온 거라고, 알겠어? 네 녀석 앞치마 끈에 매달려서 자비나 구걸하며 훌쩍거리려고 온 게 아니야. 네 녀석 없이는 날 안 받아 주겠다고 까탈을 부리면 난 집에 가 버리겠어!"

유령은 어떤 의미에서 협박 같은 걸 할 수 있다는 사실에 행복해했다.

"그래, 그럴 거야."

유령이 되풀이했다.

"집에 가 버리겠다고! 똥개 취급이나 받으려고 여기까지 온 게

아니야. 난 집으로 가겠어. 그럴 거야. 빌어먹을 네 녀석 떼거지들
은 저주나 받아라⋯⋯."

결국 유령은 계속 투덜거리면서, 그러나 날카로운 풀을 밟을 때
마다 조금씩 끙끙거리면서 사라져 버렸다.

5

삼나무 숲 아래로 잠시 정적이 깃드는가 싶더니, 쿵, 쿵, 쿵 소리와 함께 깨어졌다. 벨벳처럼 부드러운 발을 가진 사자 두 마리가 서로 눈을 맞추며 탁 트인 공터로 펄쩍펄쩍 뛰어나오더니 무언가 진지한 놀이를 하기 시작한 것이다. 사자들의 갈기는 방금 강물에 적신 듯 촉촉했다. 나무에 가려서 보이지는 않았지만 강물 흐르는 소리가 아주 가까이 들리고 있었다. 동행이 그다지 마음에 들지 않았던 나는 살금살금 그 자리를 떠나 강을 찾아 나섰다. 활짝 핀 꽃나무 덤불을 여럿 지난 후에 마침내 강을 찾는 데 성공했다. 꽃나무 덤불들은 강가에 닿을락 말락한 곳까지 내려가 있었다. 강 표면은 템즈 강처럼 매끈했지만 물살은 산의 급류처럼 급하게 흘렀다. 나무 그늘이 드리워진 곳은 연녹색이었으나 바닥의

자갈이 다 들여다보일 정도로 물이 맑았다. 나는 바로 곁에서 또 다른 빛나는 영이 어떤 유령과 이야기하는 모습을 보았다. 버스에서 내게 말을 걸었던 교양 있는 목소리의 뚱뚱한 유령이었는데, 다리에 각반을 차고 있는 것처럼 보였다.

"이보게, 자넬 만나게 되어 얼마나 기쁜지 모르겠네."

유령이 영에게 말했다. 그 영은 벗고 있었는데 어찌나 하얀지 눈이 다 멀 지경이었다.

"전날에 불쌍한 자네 부친과 이야기를 나누다가, 자네가 어디 있을까 궁금해했거든."

"모시고 오지 않았는가?"

상대방이 물었다.

"아니, 못 모시고 왔어. 정류장에서 너무 먼 곳에 사셔서 말이야. 게다가 솔직히 말해서 자네 아버지가 요즘 들어 좀 괴팍해지셨다네. 좀 까다로워지셨어. 통제력을 잃으시는 것 같아. 자네도 알다시피, 무언가 애써서 노력한 적이 한 번도 없는 양반 아닌가. 기억나는지 모르겠네만, 자네와 내가 심각한 대화를 나누고 있을 때에도 주무시러 가곤 하셨지. 아, 딕, 그때 나누었던 몇몇 대화는 정말 잊지 못할 거야. 그 후에 자네 견해도 좀 바뀌었겠지? 자넨 말년으로 가면서 좀 편협해졌지 않나. 하지만 이제는 폭넓은 견해를 갖게 되었으리라 믿어 의심치 않네."

"무슨 뜻인가?"

"글쎄, 이젠 명백하지 않나? 자네 생각이 꼭 옳다고 할 수는 없다는 점 말이야. 이보게, 자넨 천국과 지옥을 문자 그대로 믿으려 했지!"

"하지만 내가 옳지 않았던가?"

"아, 영적인 의미에서는 확실히 옳았지. 나도 여전히 그렇게 믿고 있어. 이보게, 나도 여전히 하나님의 나라를 찾고 있다고. 하지만 미신이나 신화적인 생각은 전혀……."

"잠깐! 지금까지 자네가 있었던 곳이 어디라고 생각하나?"

"아, 무슨 말인지 알겠네. 아침이 오리라는 끝없는 희망(우린 희망 없이는 못 사니까, 안 그런가?)이 있는 회색 도시, 무한정한 발전의 여지가 있는 그 회색 도시야말로 제대로 된 눈으로 보기만 한다면 어떤 의미에서 천국이라는 뜻 아닌가? 그건 정말 아름다운 생각이야."

"아니, 그런 뜻이 아닐세. 자네 정말 지금까지 어디 있었는지 모르겠나? 어떻게 그럴 수가 있지?"

"그리고 보니 우리끼리 어떤 이름을 붙여 불렀던 기억은 전혀 없군 그래. 자네들은 거길 뭐라고 부르나?"

"지옥이라고 부르지."

"이런, 그렇게까지 모독할 필요는 없을 텐데. 자네 식대로 말하자면 나 역시 정통 신앙을 가졌다고 할 수 없지만, 이런 문제일수록 소박하고도 진지하게, 경건하게 논해야 한다고 생각하네."

"지옥을 **경건하게** 논한다고? 아니, 내 말 그대로일세. 자넨 지옥에 있었던 거야. 만약 자네가 다시 그곳으로 돌아가지 않는다면 '연옥'이라고 부를 수도 있겠지만."

"이보게, 계속 해 보게, 계속 해 봐. 정말 **자네다운** 말이로군. 물론 내가 왜 지옥으로 보내졌는지, 자네 견해를 말해 줄 수 있겠지. 화내지 않을 테니 말해 보게."

"정말 모르겠나? 자넨 배교했기 때문에 지옥에 간 걸세."

"진짜 그렇게 생각하나, 딕?"

"물론일세."

"이거 정말 생각보다 심각하군. 자네 정말 정직하게 자기 견해를 밝힌 사람이 벌을 받는다고 생각하나? 설사 순전히 논쟁을 계속하기 위해 그 견해가 틀렸다 가정한다 해도, 그걸 빌미로 그 사람에게 벌을 줄 수는 없는 법이야."

"정말 지성의 영역에는 죄가 전혀 없다고 생각하나?"

"물론 있지, 딕. 거기에도 편협한 편견이나 지적인 부정직함, 소심함, 지적 정체 같은 것이 있지. 하지만 정직한 견해는 늘 겁 없는 추종자들을 만들어 냈지. 그건 절대 죄가 아니네."

"전에도 이런 이야기를 나누었던 기억이 나는군. 나는 죽을 때까지 내 입장을 고수하다가 자네 말처럼 편협한 인간이 되었지. 그건 전부 '정직한 견해' 때문에 생긴 일이었어."

"내 견해는 확실히 정직했네. 정직했을 뿐 아니라 영웅적이었

51

어. 난 겁 없이 내 견해를 주장했어. 하나님이 내게 주신 비판 정신에 비추어서 부활의 교리를 믿을 이유가 없어졌을 때, 나는 공개석으로 그 교리를 기부했네. 그때 그 유명한 설교를 했던 거야. 난 성경 전체를 부인했지. 모든 위험을 감수하고 말일세."

"위험? 자네가 그렇게 함으로써 진짜 감수한 위험이 뭐지? 대중적 인기를 누리고 책이 날개 돋힌 듯 팔리고 여기저기서 초청장이 날아오고 마침내 주교 자리를 얻은 것 말고, 달리 감수한 게 있는가?"

"딕, 그런 비열한 말을 하다니! 도대체 하고 싶은 말이 뭔가?"

"친구, 하고 싶은 말은 없네. 난 이제 **알아**. 그러니 솔직해지자고. 우리는 정직하게 우리 견해를 갖게 된 게 아닐세. 어쩌다 보니 특정한 사상의 흐름에 접하게 되었고, 그 흐름이 현대적이고 성공적으로 보이니까 거기 뛰어든 거야. 자네도 알다시피 우리가 자동적으로 좋은 점수를 받을 만한 논문을 쓰고 박수갈채를 받을 만한 이야기를 하기 시작한 것이 대학 때 아닌가? 우리 평생에 언제 정직하고도 고독하게, 결국은 누구나 묻게 되는 한 가지 질문, '초자연적인 일이 참으로 일어날 것인가, 일어나지 않을 것인가?' 하는 질문을 던져 본 적이 있는가? 믿음을 잃지 않으려고 참으로 저항해 본 적이 한순간이라도 있는가?"

"자유주의 신학의 발원에 대해 사람들이 일반적으로 말하는 바를 이야기하는 거라면, 난 그게 단순한 중상모략에 불과하다고 대답하겠네. 자넨 그런 사람들이……."

"아니, 사람들이 일반적으로 말하는 바와는 상관이 없네. 이건 자네와 내 문제일 뿐 다른 사람은 상관이 없어. 오, 자네는 자네 영혼을 사랑하니 기억을 해 보게. 우리가 불공정한 게임을 하던 때 말일세. 우리는 상대방이 진실을 말해 주길 바라지 않았지. 우리는 조잡한 구원지상주의salvationism에 빠지게 될까 봐 두려워하고, 시대 정신에서 소외될까 봐 두려워하고, 웃음거리가 될까 봐 두려워하고, 진정한 영적 두려움과 소망을 품게 될까 봐 (무엇보다) 두려워했지."

"젊었을 때 실수하기 쉽다는 걸 부인하는 건 아닐세. 젊은이들은 사상의 시류에 영향을 받기 쉽지. 하지만 그건 '견해가 어떻게 형성되는가' 하는 것과는 전혀 다른 문제야. 요점은 내가 '정직한 견해'를 가지고 있었고, 그것을 진지하게 표현했다는 걸세."

"물론 그랬지. 우리는 그 유혹들이 우리 욕망에서 비롯된 것임을 반쯤은 의식하고 있었으면서도 아무 저항도, 기도도 하지 않은 채 전부 받아들임으로써, 더 이상 '신앙'이라는 것을 믿지 않는 지점에 이르게 되었지. 질투에 눈먼 남자가 아무 저항 없이 감정에 휩쓸려 가다가 결국 가장 절친한 친구에 대한 거짓말을 믿는 지점에 이르게 되듯이, 주정뱅이가 한 잔쯤 더 들이킨다 한들 아무 해가 없으리라고 (그 순간만큼은) 실제로 믿는 지점에 이르게 되듯이. 그런 믿음은 인간의 마음속에서 일어나는 심리학적인 사건이라는 점에서 진지한 것일세. 자네가 그런 뜻에서 자네 견해들이 진지했다고 말하는 것이라면, 우리는 정말 진지했다고 할 수 있지. 하지만 그런 뜻에서 진지한 오류라고 해서 죄가 없는 건 아니라네."

"당장이라도 종교재판을 두둔할 태세로군!"

"왜? 중세가 한 방향에서 오류를 범했다고 해서, 무작정 반대쪽으로만 가면 오류를 피할 수 있다고 생각하는 건가?"

"이거 정말 흥미롭군."

주교 유령Episcopal Ghost이 말했다.

"이건 관점의 차이야. 분명 관점의 차이라고. 그동안……."

" '그동안' 이라는 건 이제 없네."

상대방이 대꾸했다.

" '그동안' 이라는 건 이제 끝났어. 우리는 지금 놀이를 하고 있는 게 아닐세. 내가 과거(자네의 과거와 나의 과거) 이야길 꺼낸 이유는 단 하나, 과거에 영원히 등을 돌리게 하기 위해서라네. 한 번만 세게 잡아당기면 이는 빠지게 되어 있네. 자넨 아무 잘못도 없었던 양 새로 시작할 수 있어. 눈처럼 하얀 상태로. 이보게, 이건 다 사실일세. 그분은 자넬 위해 권능으로 내 안에 거하고 계시네. 그리고, 난 자넬 만나려고 긴 여행을 했어. 자넨 지옥을 보지 않았는가. 그리고 지금 천국을 보고 있지 않은가. 지금이라도 회개하고 믿음을 갖는 게 어떻겠나?"

"자네가 입증하려는 논지가 뭔지 모르겠군."

유령이 말했다.

"입증하려는 논지 같은 건 없네."

영이 말했다.

"그저 회개하고 믿음을 가지라는 걸세."

"하지만 이보게, 난 이미 믿음을 가지고 있어. 자네 견해와 완전히 일치하는 건 아니지만 말일세. 내 종교가 내게 얼마나 현실적이고 소중한지 모른다면, 그건 완전히 자네의 오판이야."

"알았네."

상대방은 계획을 바꾼 듯 말했다.

"그럼 자네, **나는** 믿겠나?"

"어떤 의미에서 말인가?"

"나와 함께 저 산맥까지 가겠나? 처음에는 발이 아프겠지만, 점점 단단해질 거야. 그림자 같은 유령의 발에 실재는 거칠게 느껴질 수밖에 없지. 그래도 날 따라오겠나?"

"흠, 그것도 한 가지 방안이겠군. 기꺼이 그 방안을 고려해 보겠네. 물론 확신할 만한 증거들이 좀 따라 주어야 하겠지만……. 자네가 데려가겠다는 그곳에 가면 내가 지금보다 더 넓은 영역에서 쓸모 있게 사용되고, 하나님이 주신 재능도 더 폭넓게 사용하며, 자유로운 탐구 분위기를 누릴 수 있다는 보장이 필요해. 한마디로 말해서, 문명과, 음…… 영적인 삶이 의미하는 모든 것이 있어야 한단 말이지."

"아니, 그런 건 약속할 수 없네. 자네가 쓸모 있게 사용될 영역이란 없어. 자넨 그곳에서 전혀 필요 없는 존재라네. 자네의 재능이 폭넓게 사용되는 일도 없을 걸세. 재능을 왜곡하고 오용한 데 대한 용서가 있을 뿐이지. 자유로운 탐구 분위기라는 것도 없네. 내가 자넬 데려가는 곳은 질문의 땅이 아니라 해답의 땅이니까. 그리고 그곳에서 자넨 하나님의 얼굴을 보게 될 테니까."

"아, 하지만 우린 그 아름다운 말들을 전부 우리 나름대로 해석해 내야 해! 내게 최종적인 해답이란 없네. 사람의 정신에는 언제나 자유로운 탐구의 바람이 불고 있어야 하는 게 아닌가? '만물을 증명하라'……. 소망을 품고 여행하는 쪽이 목적지에 도착하는 쪽보다 낫지."

"자네 말이 옳다면, 사람들이 최종적인 해답이란 없다는 말을 옳게 여긴다면, 어떻게 소망을 품고 여행을 할 수가 있겠나? 소망할 대상 자체가 없는데 말이야."

"하지만 최종적 해답이라니 어쩐지 숨 막히는 기분이 들지 않나? 그것은 곧 정체된다는 건데. 이보게, 정체되는 것보다 더 영혼을 파괴하는 일이 있겠나?"

"자넨 그렇게 생각하겠지. 지금껏 관념적인 지성으로만 진리를 경험해 왔으니까. 내가 자넬 데려갈 그곳에서는 꿀을 맛보듯이 진리를 맛볼 수 있고, 신랑의 품에 안기듯이 진리의 품에 안길 수 있어. 자네 갈증은 깨끗이 해결될 걸세."

"글쎄, 솔직히 말해서 자네 말처럼 지적인 활동에 종지부를 찍는 기성품 진리에 대한 갈증 같은 건 내겐 없네. 거기서도 내 정신이 자유로운 유희를 할 수 있는 여지가 있나, 딕? 자네도 알다시피 난 그것만큼은 포기할 수가 없어."

"물론 자유를 누릴 수 있네. 사람이 물을 마시는 동안 물 마시는 자유를 누리는 것처럼. 그러나 물을 마시고 있으면서도 목말라할 자유는 없어."

유령은 잠시 생각에 잠기는 듯했다.

"전혀 감이 잡히지 않는 개념이군."

유령이 말했다.

"내 말 좀 들어 보게!"

하얀 영이 말했다.

"한때 자넨 아이 같았네. 한때 자넨 탐구의 목적을 알고 있었지. 해답을 얻고 싶어서 질문했던 때, 해답을 찾으면 기뻐했던 때가 있었단 말일세. 그때로 돌아가게. 지금도 늦지 않았어."

"아, 그런 유치한 짓들은 성인이 되면서 그만두었네."

"그게 아니라 옳은 길에서 너무 많이 벗어난 거지. 갈증은 물을 위해 있는 것이고, 탐구는 진리를 위해 있는 것일세. 자네가 말하는 '탐구의 자유로운 유희'는 마치 자위행위가 결혼과 관계가 먼 것처럼 자네에게 지성을 주신 원래 목적과 관계가 멀다네."

"경건한 대화까지는 못한다 해도 그렇게 음란한 말까지 할 필요는 없지 않나. 단순한 사실에 호기심을 느꼈던 소년 시절로 돌아가란 이야기는 정말 황당무계하게 들리는군. 어쨌든 '질문과 해답'이라는 사고 개념은 오직 사실의 영역에만 해당되는 것일세. 종교적이고 사색적인 질문은 그와 전혀 다른 차원에 속해 있는 것이 분명해."

"여기 있는 우리들은 종교에 대해서는 아는 바가 없다네. 우리는 오직 그리스도만 생각하지. 사색에 대해서도 아는 바가 없어. 와서 자네 눈으로 직접 보게. 내가 다른 모든 사실성의 아버지이신 '영원한 사실Eternal Fact' 앞에 자네를 데려가겠네."

"하나님을 '사실'이라고 묘사하다니 강력한 이의를 제기하고 싶군. '지고의 가치Supreme Value'라면 또 몰라도 말이야. 솔직히……."

"그분이 존재한다는 사실을 믿지 않는 건가?"

"존재한다고? '존재'의 의미가 뭔데? 자네는 정말 **끈질기게** 일종의 고정된 기성품 같은 실재가 있다는 암시, 이를테면 우리의 정신이 무조건 따라가야 하는 '그곳'이 있다는 암시를 주려 하는군. 그러나 이렇게 크고 신비한 교리에 그런 식으로 접근하면 안 되는 법이야. 행여 그런 것이 존재한다 해도(이보게, 그렇다고 말을 끊을 필요는 없지 않나) 솔직히 말해 난 전혀 관심이 없네. 그것에 **종교적인** 의미는 없을 테니까. 내게 하나님은 순전히 영적인 존재라네. 감미로움과 빛과 관용의 영…… 그리고 봉사의 영, 그래,

딕, 하나님은 봉사의 영이야. 자네도 알겠지만 우린 그 점을 잊으면 안 되네."

"이성의 갈증이 정말 사라져 버렸다면……."

영은 이렇게 말하더니 깊은 생각에 잠긴 듯 말을 멈추었다. 그러더니 불쑥 이렇게 말했다.

"그래도 최소한 행복해지고 싶은 마음은 아직 있는 건가?"

"행복이라, 친애하는 딕, 이 친구야!"

유령이 차분하게 말했다.

"자네도 더 나이가 들면 알겠지만, 행복이란 의무의 길에서 발견할 수 있는 걸세. 그러고 보니 생각이 나는군……. 맙소사, 잊어버릴 뻔했어. 난 자네와 갈 수 없네. 다음 주 금요일까지 돌아가서 논문을 하나 읽어야 하거든. 우리는 저 아래에서 작은 신학 학회를 하나 만들었다네. 그래! 거기에서는 지적인 삶을 풍성히 누릴 수 있지. 뭐, 그렇다고 수준이 아주 높은 건 아니지만. 뭔가 파악력이 부족해. 정신에 혼동도 좀 있고. 그러니까 거기서는 내가 좀 쓸모가 있을 수 있다네. 개탄을 금치 못할 시기심들을 표출할 때도 있긴 한데……. 이유는 모르겠지만 다들 옛날보다 자제력이 부족해진 것 같아. 하긴 인간 본성에 너무 많은 걸 기대하면 안 되겠지. 어쨌든 그들 틈에 있으면 위대한 업적을 이루어 낼 수 있을 것 같네. 그러고 보니 자넨 내 논문 주제가 뭔지 묻지도 않았잖나! 나는 그리스도의 장성한 분량이 충만한 데까지 이르는 일에 관한

본문을 채택해서[2] 한 가지 개념을 도출하는 중인데, 자네도 들으면 흥미를 느낄 걸세. 사실 예수는(이 부분에서 유령은 절을 했다) 상대적으로 젊은 나이에 세상을 떠났는데, 사람들은 늘 그 점을 망각한다는 사실을 지적할 생각이야. 더 오래 살았다면 초기의 견해보다 더 성숙한 견해를 내놓을 수 있었을 텐데. 예수가 조금만 더 요령 있게, 인내심을 가지고 행동했다면 어떻게 되었을까. 나는 독자들에게 '예수가 성숙한 견해를 갖게 되었다면 그것이 과연 어떤 것이었을까' 생각해 보라고 촉구할 작정이야. 그야말로 흥미로운 질문 아닌가? 창설자가 장성한 분량에 이르기만 했다면 기독교는 지금과 딴판이 되었을 걸세! 결론 부분에서 이 점이 십자가 사건의 의미를 얼마나 더 심화시키는지 지적함으로써 논문을 마무리할 생각이야. 사람들은 십자가 사건이 얼마나 큰 재앙이었는지, 얼마나 비극적인 낭비였는지…… 얼마나 전도유망한 인물을 무참히 요절시킨 일이었는지 처음으로 깨닫게 되겠지. 오, 가 봐야 하는가? 음, 나도 가 봐야 한다네. 잘 가게, 친구. 만나서 정말 반가웠네. 그야말로 자극적이고 도발적인 대화였어. 그럼 잘 가게, 잘 가, 잘 가."

유령은 고개를 끄덕이면서 성직자답게 환한 웃음, 아니 거의 형체가 없는 입술로 최선을 다해 웃음 비슷한 것을 지어 보이더니,

---

2) 에베소서 4장 13절 참조.

뒤로 돌아서며 '하나님의 도성, 얼마나 넓고 아득한지'라는 찬송을 나직하게 흥얼거렸다.

하지만 새로운 생각이 떠오르는 바람에 그를 더 오래 지켜보지는 못했다. 만일 풀이 바위처럼 단단하다면, 물도 걸어다닐 수 있을 만큼 단단하지 않을까? 한쪽 발을 슬쩍 디뎌 봤더니 발이 빠지지 않았다. 다음 순간 나는 과감하게 수면 위로 걸어 나갔다. 하지만 금방 앞으로 꽈당 넘어져 얼굴에 심한 타박상을 입고 말았다. 나한테는 표면이 견고하게 느껴져도, 실제로는 물살이 세차게 흐르고 있다는 사실을 잊었던 것이다. 겨우 몸을 추스르고 일어났을 때는 처음에 발을 내딛은 강둑에서 30피트나 하류로 떠 내려와 있었다. 그렇다고 해서 상류로 걸어가지 못할 내가 아니었다. 그러나 무척 열심히 걸었는데도 별 진척이 없었다.

6

밝게 빛나는 물의 시원하고 매끄러운 표면을 밟는 느낌은 아주 상쾌했고, 나는 한 30분쯤 계속 걸어갔다. 대충 200야드 정도를 걸은 셈이었다. 그런데 상류로 갈수록 점점 걷기가 힘들어졌다. 물살이 더 급해진 것이다. 크고 단단한 물의 파편 내지는 거품의 섬들이 소용돌이치며 내 쪽으로 밀려와, 미처 피하지 못한 내 정강이를 세차게 치고 지나갔다. 수면이 더 울퉁불퉁해지고, 사랑스러운 모습으로 둥글게 패이거나 굴곡이 지는 바람에 바닥에 깔린 자갈들의 모양이 일그러져 보였다. 나는 그만 중심을 잃고 넘어져 강둑까지 기어가야 했다. 그러나 그 근처 강둑은 크고 편편한 바위로 이루어져 있어서 발에 큰 통증 없이 디딜 수 있었다. 엄청나게 큰데도 사랑스럽게 느껴지는 소리가 숲에서 울려 나왔다. 나는 몇 시간을 더 걸어 모퉁이를 돈 후에야 그 정체를 알게 되었다.

　마치 넓은 노천극장처럼, 물거품을 하얗게 내면서 요동치고 있는 호수를 초록빛 비탈이 에워싸고 있는 광경이 눈앞에 펼쳐진 것이다. 폭포가 형형색색의 바위들 위로 흘러 호수 안으로 쏟아지고 있었다. 나는 내 감각이 어딘가 달라져서 보통 때라면 도저히 수용할 수 없는 느낌들을 받아들이고 있다는 사실을 다시금 깨달았다. 지상에 있었다면 이런 규모의 폭포를 한눈에 파악한다는 것 자체가 불가능했을 것이다. 그만큼 폭포는 컸다. 아마 그 소리만으로도, 숲길 20마일을 걷는 내내 공포를 느꼈을 것이다. 그러나 이곳에서는 처음에만 충격을 받았을 뿐, 마치 든든하게 건조된 선박이 거대한 파도를 견뎌 내듯이 나의 감각 또한 그 모습과 소리 모두를 '받아들였다'. 나는 환희에 들떴다. 폭포의 굉음은 엄청났지만, 마치 거인들의 웃음소리처럼 유쾌하게 들렸다. 한 떼의 거인들이 한데 모여 웃음을 터뜨리고, 춤을 추고, 노래하고, 자신들의 고매한 작품 앞에서 왁자하게 떠들어 대는 것 같았다.

　폭포수가 호수로 떨어지는 부근에 나무 한 그루가 자라고 있었다. 물보라에 축축히 젖은 채 무지개 모양의 거품 무더기에 반쯤 감추어진 그 나무는 가지 사이로 수없이 넘나드는 밝은 빛깔의 새들 때문에 반짝반짝 빛나고 있었으며, 바다 물결처럼 일렁이는 이파리들로 다양한 모습을 연출하며 습지의 구름처럼 거대하게 서 있었다. 어느 쪽에서나 잎새 사이로 빛나는 황금 사과를 볼 수 있었다.

그런데 갑자기 앞쪽에 나타난 희한한 형체가 시선을 끌었다. 20 야드도 채 못 되는 곳에 있는 산사나무 덤불이 이상하게 움직이는 것 같았다. 이윽고 나는 덤불이 움직이는 게 아니라, 덤불 앞쪽에 무언가가 바짝 붙어 서 있다는 사실을 알게 되었다. 마침내 나는 그것이 유령 일행 중에 하나임을 알아냈다. 그 유령은 덤불 뒤에 있는 뭔가에 들키기 싫어하는 것처럼 잔뜩 웅크리고 앉아, 내 쪽에 자꾸 손짓을 보내고 있었다. 유령은 나도 몸을 숙이라는 신호를 계속 보내는 중이었다. 그러나 나는 뭐가 위험한지 알 수가 없었으므로 그냥 뻣뻣이 서 있었다.

얼마 후 유령은 사방을 자세히 살펴본 후, 용기를 내어 덤불 앞으로 나서려 했다. 발 밑의 풀들이 아파서 빨리 걸을 수 없었음에도, 바로 옆 나무까지 달려가고자 최선을 다했다. 유령은 그 나무 앞에서 다시 한 번 우뚝 멈춰 서더니, 위장 잠복이라도 하듯 줄기에 딱 붙어 섰다. 그러나 내 편에서는 오히려 나뭇가지 그늘 덕분에 유령을 더 선명히 볼 수 있었다. 큰 유령이 '아이키'라고 불렀던, 둥근 중산모를 쓴 유령이었다. 십 분 정도 숨을 헐떡이며 나무에 붙어 서 있던 그 유령은 조심스럽게 앞을 살피다가 또 다른 나무를 향해 달려갔다. 아니 달려갔다기보다는 최대한 빨리 달려가려고 안간힘을 썼다. 이런 식으로, 그러니까 지독하게 공을 들이고 힘을 뺀 끝에 유령은 한 시간쯤 후 커다란 나무에 도달할 수 있었다. 즉 나무에서 10야드 전방에 도달했다는 말이다.

그런데 여기서 유령의 진로가 막히고 말았다. 백합꽃들이 나무 주위를 벨트처럼 에워싸고 있었던 것이다. 그 백합들을 **밟고** 지나간다는 것은 대전차 장애물을 밟고 지나가는 것처럼 불가능한 일이었다. 유령은 땅에 납작 엎드려 백합들 사이로 기어가 보려 했지만, 휘어지지도 않는 꽃들이 워낙 **빽빽이** 피어 있어서 그렇게 할 수가 없었다. 게다가 유령은 혹시라도 들킬까 봐 내내 안절부절못하고 있는 것이 분명했다. 바람이 스치고 지나갈 때마다 멈칫하며 겁을 내곤 했다. 새 소리에 깜짝 놀라 방금 숨었던 자리로 돌아가려 한 적도 있었다. 하지만 곧 욕망에 다시 내몰려 나무 쪽으로 기어가기 시작했다. 유령이 좌절감으로 두 손을 꼭 쥐고 괴로움에 몸을 비트는 모습이 보였다.

바람이 점점 거세지는 듯했다. 유령이 손을 비틀더니 엄지를 입에 갖다 댔다. 바람에 나부끼는 백합 줄기 사이에 무참히 손이 끼었던 모양이다. 그러더니 정말 거센 바람이 몰려왔다. 나뭇가지들이 심하게 흔들리기 시작했다. 잠시 후 사과 대여섯 개가 유령 주위에 떨어졌고 유령의 머리 위에도 떨어졌다. 그는 날카롭게 비명을 질렀지만, 곧 자제했다. 머리에 맞은 황금 과일의 타격으로 더이상 움직이지 못하는 것이 아닐까 했는데, 아니나 다를까, 몇 분간 일어서지를 못했다. 그는 끙끙거리면서 상처를 어루만지며 누워 있었다. 그러나 그는 곧 다시 작업에 착수했다. 나는 그가 사과를 주머니 가득 채워 넣으려고 맹렬히 달려드는 것을 볼 수 있었다. 물론 헛수고였다. 시간이 흐를수록 그의 야망은 맥을 잃어 갔다. 그는 과일을 주머니 가득 채우겠다는 생각을 일단 포기했다. 두 개면 되겠다고 마음 먹은 듯했다. 그러더니 두 개도 포기하고 제일 알이 굵은 걸로 딱 하나만 가져가기로 했다. 그러나 그 희망도 버려야 했다. 이제 유령은 제일 작은 사과를 찾고 있었다. 가져갈 수 있을 만큼 작은 놈이 있나 찾는 것 같았다.

놀랍게도 유령의 시도는 성공했다. 잎사귀 한 장을 드는 것도 힘들었던 것을 생각할 때, 제일 작은 사과를 양손으로 쥐고 휘청거리며 일어서는 그 불행한 존재를 보며 나는 찬탄하지 않을 수 없었다. 그는 상처 때문에 절룩거리고 있었고, 사과 무게 때문에 꺾인 허리를 펴지 못하고 있었다. 그런데도 몸을 숨길 만한 것들을 어떻게든지 이용해 가며 엄청난 고통의 근원을 붙든 채, 버스까지 이어지는 자기가 자초한 십자가의 길을 떠나는 것이었다.

"어리석은 자여, 그것을 내려놓거라."

갑자기 큰 목소리가 들렸다. 이제껏 들었던 것과는 아주 다른 목소리였다. 천둥처럼 크게 울리면서도 물이 흐르는 듯 맑게 들렸다. 나는 놀랍게도 폭포가 말을 하고 있다는 것을 알게 되었다. 이제 보니 그것은(아직도 내 눈에는 폭포처럼 보였지만) 마치 못 박힌 듯 바위에 기대서서 큰 소리로 기쁨을 표현하며 자신을 끝없이 숲으로 흘려 보내고 있는 빛나는 천사였다.

"어리석은 자여, 그것을 내려놓거라. 넌 그걸 가져갈 수 없다. 지옥에는 그것을 가져다 둘 공간이 없어. 여기 머물면서 과일 먹는 법을 배우거라. 숲 속에 있는 나뭇잎들과 풀잎들이 기꺼이 가르쳐 줄 것이다."

유령이 그 말을 들었는지 못 들었는지는 잘 모르겠다. 아무튼 그는 몇 분쯤 가만히 서 있더니, 다시 한 번 힘을 내서 자기 고통을 붙들고 더 열심히 사방을 살피며 내 시야에서 사라져 갔다.

7

중산모 쓴 유령Ghost in the Bowler의 불행을 약간은 자만에 빠져 구경하기는 했지만, 막상 둘만 남겨지고 나니 물의 거인 Water-Giant이라는 존재를 견디기가 힘들었다. 그렇다고 그가 나한테 신경을 쓰는 것 같지는 않았지만, 아무래도 자의식이 생겼다. 짐짓 무심한 척 편편한 바위 위를 걸어, 왔던 길을 되돌아가는 내 동작이 스스로 보기에도 어색하게 느껴졌다. 피곤이 몰려오기 시작했다. 강둑으로 펄떡펄떡 뛰어오르는 은빛 물고기를 보고 있자니, 나도 물을 뚫을 수 있었으면 하는 바람이 간절했다. 물 속으로 풍덩 뛰어들고 싶었다.

"돌아가려구 그러슈?"

바로 곁에서 소리가 났다. 돌아보니 키 큰 유령이 나무를 등진 채 허깨비 여송연을 씹고 있었다. 회색 머리에 무뚝뚝하지만 무식하지 않은 목소리를 지닌, 산전수전 다 겪은 듯한 인상의 깡마른 남자였다. 나는 이런 인상을 가진 사람을 보면 본능적으로 믿을 만하다는 느낌을 받곤 했다.

"모르겠습니다. 댁은 돌아가실 건가요?"

"그래요. 이제 볼 건 대충 본 것 같아서요."

"계속 머물 생각은 없구요?"

"그건 선전문구일 뿐이오. 우리가 여기 머문다는 건 애당초 그른 일이지. 과일도 못 먹고 물도 못 마시고 풀밭을 걷느라 진종일을 소비해야 하는데 어떻게 여기 머물겠소? 인간은 이런 데서 살 수가 없어요. 여기 머물 수 있다는 건 다 광고 전략일 뿐입니다."

"그럼 왜 오셨지요?"

"아, 그건 나도 모르겠소. 뭐 그냥 한번 살펴보려고 온 셈이지요. 나는 뭐든지 직접 봐야 직성이 풀리는 사람이거든. 어디서든지 들여다볼 수 있는 건 다 들여다봐야 하지요. 동양에 갔을 때도 베이징에 들렀지요. 또……."

"베이징은 어떻던가요?"

"아무것도 없소. 빌어먹을 담 안에 또 담이 있는 식이지, 뭐. 관광객들을 끌어들이려는 미끼일 뿐이오. 난 사실 안 가 본 데 없이 다 가 봤다오. 나이아가라 폭포, 피라미드, 솔트레이크 시티, 타지마할……."

"타지마할은 어떻습니까?"

"별로 볼 만한 게 못 돼요. 다 광고 전략이라니까. 배후에 다 똑같은 놈들이 앉아 경영하고 있지. 아시겠지만 독점체제라구요, 세계적인 독점체제. 그들은 지도를 펴 놓고 어디에 '볼거리'를 만들지 결정합니다. 어디를 선택해도 상관없어요. 홍보만 잘하면 뭐든 잘 팔리니까."

"그럼, 댁은, 그러니까, **저 아래** 도시에서 오래 살았나요?"

"이른바 '지옥' 말이오? 그럼요. 그것도 순 사기요. 시뻘건 불꽃이니, 악마니, 석쇠에서 지글지글 타들어 가는 인간들—헨리 8세처럼 사람들의 흥미를 끌 만한 인간들—이 있을 거라고 생각하게끔 선전해 놓았지만, 실제로 가 보면 다른 데와 별 다를 게 없거든."

"그래도 전 여기가 더 좋은데요."

내가 말했다.

"난 왜들 이 난리인지 모르겠소."

산전수전 다 겪은 유령 Hard-bitten Ghost이 말했다.

"내가 보기에는 다른 공원들과 별 차이도 없고, 빌어먹게 불편하기만 한데 말이오."

"여기 머물다 보면, 글쎄, 좀더 견고해진다는, 그러니까 여기 풍토에 익숙해진다는 말도 있던데요."

"나도 그 말은 들었소. 모두 다 낡아빠진 거짓말이지. 난 평생

동안 사람들한테 그런 헛소리만 듣고 살았어요. 요람에 있을 때는 착하게 굴면 행복해질 거라고 하더군. 학교에 들어가니까 계속 공부하다 보면 라틴어가 점점 쉬워질 거라고 했지요. 결혼한 지 한 달쯤 되었을 때는, 처음엔 어려움이 있게 마련이지만 요령을 가지고 참을성 있게 견디다 보면 '안정이 되어' 결혼생활을 좋아하게 될 거라고 어떤 바보가 말합디다! 또 양차 대전 때는 용감하게 싸우면서 총알받이 노릇을 하다 보면 좋은 시절이 곧 온다는 말을 줄창 들었고. 여기서도 어떤 어리숙한 인간이 속아 넘어가나 하면서 똑같은 수작을 벌이는 겁니다."

"누가 그런다는 거지요? 여긴 좀 다른 사람들이 운영하는 것 같은데."

"완전히 새로운 경영진이라도 있는 것 같소? 그런 걸 믿으면 안 돼요! 완전히 새로운 경영진이란 **절대** 있을 수 없어요. 아무리 그래 보여도 나중에 보면 다 똑같은 패거리들이라구. 다정하고 친절한 엄마가 침대 속으로 기어 들어와 알고 싶은 얘기를 쏙쏙 다 빼내 가는 수작이라면 내가 누구보다 잘 알고 있소. 결국 엄마와 아버지는 늘 한통속이라는 게 드러나게 되어 있어요. 전쟁도 결국은 똑같은 군수회사들이 양쪽을 조종해서 일으키는 짓이라는 것이 밝혀지지 않았소? 유대인과 바티칸 교황청과 독재자들과 민주주의와 기타 등등 나머지 모든 세력의 배후에 있는 것도 다 그 회사들이오. 이 위에 있는 것들도 다 저 아래 도시를 운영하는 사람들이 운영하는 거요. 한마디로 우릴 갖고 노는 거지."

"저는 서로 싸우는 줄 알았는데요?"

"그렇게 생각하는 게 당연하오. 공식적으로는 그렇게 얘기하니까. 하지만 언제 전쟁의 낌새가 보인 적이 한 번이라도 있습니까? 오, 다들 **말은** 그럴듯하게 하지요. 하지만 진짜 전쟁을 치르는 중이라면 왜 아무 조치도 취하지 않겠소? 그 공식적인 얘기가 옳다면, 이 위에 사는 사람들이 저 아래 도시를 공격해서 자취도 없이 쓸어 버려야 하는 것 아니오? 힘을 가진 쪽은 이쪽이니 말이오. 이들은 맘만 먹으면 **우릴** 저 아래에서 구출해 낼 수 있는 사람들이오. 하지만 누가 봐도 이들은 이른바 '전쟁'을 끝낼 생각이 없는 게 분명해. 전쟁을 질질 끌어야 게임을 할 수 있으니까 말이요."

꺼림칙할 정도로 그럴싸한 설명으로 들렸다. 나는 아무 말도 하지 않았다.

"어찌되었건, 누가 구출해 주길 바라기나 한답디까? 이런 데 와 봤자 무슨 **할 일**이 있다고."

"아래에서는 할 일이 있나요?"

내가 말했다.

"하긴. 여기나 거기나 마찬가지지."

유령이 말했다.

"그래도 한쪽을 택해야 한다면 어느 쪽을 택하겠습니까?"

"그것 보슈!"

유령은 왠지 의기양양해하며 말했다.

"결국은 **나더러** 계획을 세우라는 거라구. 우리를 지루하지 않게 해 줄 일을 찾는 것이야말로 경영진들의 몫 아뇨? 그게 그 사람들이 할 일이라니까. 우리가 왜 그 일을 대신 해야 하는 거요? 교구 사제들이나 도덕주의자들이 거꾸로 알고 있는 게 바로 그거예요. 그들은 끊임없이 **우리더러** 변하라고 하지. 하지만 쇼를 연출하는 사람들이 그렇게 똑똑하고 능력이 있다면, 어째서 관중의 비위에 잘 맞는 볼거리를 찾아내지 않는 거요? 조금만 있으면 우리 몸이 단단해져서 풀을 밟아도 아프지 않을 거라는 헛소리는 이제 집어치우라고 하쇼! 예를 들어 봅시다. 호텔에 갔는데 달걀이 다 썩어 있는 거요. 그래서 사장한테 가서 불평을 했더니 정중히 사과하고 낙농업자를 바꾸기는커녕, 당신이 노력만 하면 썩은 달걀이 신선해질 거라고 말했다면 당신 기분이 어떻겠소?"

유령은 잠시 침묵한 후에 말했다.

"음, 난 이만 가 봐야겠소. 같이 가시겠소?"

"댁의 말대로라면 다른 데로 가도 별 차이가 없을 것 같군요."

나는 크게 침체되어 말했다.

"그래도 여긴 비는 오지 않네요."

"지금 당장은 그렇지요."

산전수전 다 겪은 유령이 말했다.

"하지만 아무리 아침이 찬란한 곳도 결국엔 비가 오더라구. 참,

이런 데 비가 온다고 생각해 보슈! 그 생각은 못 해 봤겠지? 이런 물로 된 비가 오면, 빗방울 하나하나가 기관총 총알처럼 몸을 꿰뚫어 마치 벌집같이 만들어 버릴 거요. 그것도 그치들의 작은 장난이오. 처음엔 걷지도 못할 땅바닥이며 도저히 마실 수 없는 물로 애를 태우다가, 결국에는 벌집 신세를 만드는 거라구. 하지만 난 절대 순순히 당하진 않을 거요."

몇 분 후 그는 어딘가로 총총 사라져 갔다.

8

나는 평생 한 번도 느끼지 못했던 비참한 심정으로 강변 바위 위에 꼼짝도 않고 앉아 있었다. 이곳에 오래 거주할 수 있다는 생각을 한 건 아니었지만, 그래도 지금까지는 견고한 영들의 의도나 이 나라가 본질적으로 선한 곳이라는 사실만큼은 의심하지 않았다. 한두 사람의 주장처럼 이 견고한 영들이 정말 좋은 이들이라면 저 아래 도시의 거주자들을 돕기 위해 무언가 조치를 취할 수도 있지 않나, 단순히 들판으로 마중 나오는 것 이상의 조치를 취할 수 있지 않나 하는 생각이 스친 적도 있긴 했다. 그런데 이제 끔찍한 내막이 숨어 있을지도 모른다는 의심이 생긴 것이다. 유령들에게 이 여행을 허락한 것이 단지 놀리기 위한 것이라면? 소름끼치는 신화와 교리들이 기억 속에 되살아났다. 신들이 탄탈로스에게 준 벌[3]이 생각났다. 천국의 영혼들 앞에서 지옥의 연기가 세세토록 올라간다는 요한계시록 말씀[4]도 생각났다. 파멸의 나락으로 떨어지지 않는 꿈을 꾸다가 그 꿈이 거짓임을 깨닫고 "이것은 하나님의 화살 중 가장 날카로운 것"이라고 말했던 가련한 쿠퍼 이야기도 기억났다. 게다가 산전수전 다 겪은 유령이 비에 대해 한 말은 틀림없는 사실이었다. 잎새에 맺혀 있는 빗방울들만 떨어져도 나는 그대로 산산조각 날 수밖에 없었다. 전에는 그 생각을 전혀 못했다. 정말이지 아무 생각 없이 폭포의 물보라 속으로 걸어들어갈 뻔했다!

버스에서 내린 후 한 번도 마음 한구석에서 떠나지 않던 위험의 예감이 날카롭고도 긴박하게 깨어났다. 나는 나무와 꽃과 말하는 폭포를 둘러보았다. 그것들이 참을 수 없이 불길해 보이기 시작했다. 빛나는 곤충이 앞뒤로 쌩쌩 날아다녔다. 저 벌레 중 한 마리라도 내 얼굴로 날아든다면 그대로 나를 관통할 게 아닌가? 내 머리에 앉기라도 한다면 그대로 바닥에 납작 짓눌릴 게 아닌가? 공포심이 귓가에 속삭였다.

'여긴 네가 있을 곳이 못 돼.'

---

3) 탄탈로스는 목까지 차는 물 속에 서 있으면서도 그 물을 마시려고만 하면 다른 데로 흘러가 버려 마실 수가 없고, 바로 머리 위에 과일이 매달려 있는데도 따려고만 하면 바람이 불어 따 먹을 수 없는 벌을 받았다.

4) 요한계시록 14장 10–11절 참조. "……거룩한 천사들 앞과 어린양 앞에서 불과 유황으로 고난을 받으리니 그 고난의 연기가 세세토록 올라가리로다……"

아까 본 사자들도 생각났다.

분명한 계획도 없으면서 나는 자리에서 일어나 강을 벗어나서 나무들이 빽빽이 자라고 있는 쪽으로 발걸음을 옮겼다. 버스로 돌아가기로 확정한 건 아니었지만, 툭 터진 공간만큼은 피하고 싶었던 것이다. 유령도 여기 머물 수 있다는 희미한 흔적이라도 찾을 수 있다면—잔인한 코미디를 연출하려고 그런 선택을 허락해 주는 게 아니라면—난 돌아가지 않을 작정이었다. 한동안 나는 아주 조심스럽게 걸어가면서 주변을 날카롭게 살펴보았다. 반 시간쯤 후, 중앙에 덤불이 약간 나 있는 작은 빈터에 이르렀다. 여길 지나가도 될까 생각하며 발길을 멈추었을 때, 나는 문득 혼자가 아니라는 사실을 깨달았다.

유령 하나가 절뚝이며 빈터를 지나가고 있었다. 불편한 바닥을 감안하면 최대한 빨리 걷고 있는 셈이었다. 그는 마치 미행이라도 당하는 양 어깨 너머로 계속 뒤를 살피고 있었다. 한때 여자였던 유령이었다. 잘 차려 입고 있었지만, 아침 햇살 때문에 생긴 장신구의 그림자가 오히려 으스스해 보였다. 유령은 덤불 쪽으로 가고 있었다. 덤불 속으로 들어갈 수는 없었지만—잔가지며 잎사귀들이 너무 단단했으므로—최대한 덤불 가까이 몸을 붙이고 있었다. 자기 딴에는 숨어 있다고 생각하는 것 같았다.

잠시 후 발자국 소리가 들리는가 싶더니, 빛나는 영 하나가 나타났다. 그들의 등장은 소리로 알 수 있었다. 우리 유령들이 걸을 때는 소리가 나지 않았기 때문이다.

"저리 가요!"

유령이 꽥 비명을 질렀다.

"저리 가라니까! 혼자 있고 싶다구요. 보면 모르겠어요?"

"하지만 당신은 도움이 필요합니다."

견고한 영이 말했다.

"친절한 마음이 조금이라도 남아 있다면 제발 다가오지 말아
요. 전 도움 같은 거 필요 없어요. 혼자 있고 싶어요. 제발 저리 가
요. 이 끔찍한 대못 같은 것들을 밟고서는 빨리 도망칠 수가 없다
구요. 이런 약점을 이용하다니, 정말 혐오스럽군요."

"아, 그거!"

영이 말했다.

"그건 곧 괜찮아질 겁니다. 하지만 당신은 방향을 잘못 잡았어
요. 그 뒤쪽으로, 그러니까 산맥 쪽으로 가야 합니다. 가는 내내
저한테 기대셔도 됩니다. 당신을 아예 **업고** 갈 수는 없지만, 저한
테 기대면 발에 거의 체중이 실리지 않을 겁니다. 발을 내딛는 아
픔이 한결 줄어들 거예요."

"아픈 건 두렵지 않아요. 알잖아요."

"그럼 뭐가 문제지요?"

"도대체 **아무것도** 모르는 분이군요. 저렇게 사람들이 많은데,
제가 **이런** 몰골로 나갈 수 있을 것 같아요?"

"왜 못 나가는데요?"

"당신들이 전부 그런 차림을 하고 있다는 걸 알았다면, 아예 여기 올 생각도 안 했을 거예요."

"친구여, 전 차려 입은 옷이 하나도 없는데요."

"그런 뜻이 아니에요. 제발 저리 가요."

"하지만 무슨 뜻인지 설명해 줄 수 없나요?"

"이해를 못하는데 설명해 봤자 무슨 소용이 있겠어요? 저렇게 단단한 몸을 가진 사람들 틈에 어떻게 이런 꼴로 **나설 수가** 있겠느냐구요. 지상에서 발가벗고 외출하는 것보다 훨씬 불리해요. 전부 제 몸 속을 **꿰뚫어 볼 수** 있잖아요."

"아, 그렇군요. 하지만 우리도 처음 왔을 때는 다들 약간은 유령 같았는걸요, 뭘. 그건 곧 괜찮아질 겁니다. 그러니 용기를 내어 나와 보세요."

"하지만 그들이 절 **본다구요.**"

"그럼 어때요?"

"그런 꼴을 당하느니 차라리 죽어 버리겠어요."

"하지만 당신은 벌써 죽었는걸요. 죽음으로 되돌아가려 해 봤자 소용이 없답니다."

유령은 흐느낌과 으르렁거림의 중간쯤 되는 소리를 냈다.

"차라리 태어나지 않았으면 좋았을걸. 사람은 왜 태어나는 걸까요?"

"무한한 행복을 위해서지요."

영이 말했다.

"당신은 언제든지 무한한 행복 속으로 발을 내디딜 수……."

"하지만 사람들이 **본다니까요!**"

"지금부터 한 시간만 지나면 그런 건 신경조차 쓰지 않게 될 겁니다. 하루만 지나면 그저 웃고 넘기게 될 거라구요. 지상에서도 뜨거운 음료에 손을 댔을 때는 너무 뜨거웠는데 마시니까 괜찮았던 적이 있잖아요. 기억나지요? 수치심도 그렇습니다. 받아들이기만 하면, 그러니까 한 방울도 남기지 않고 다 마셔 버리기만 하면 아주 영양가가 있다는 걸 깨닫게 될 겁니다. 하지만 수치심 때문에 괜히 다른 짓을 하면 화상을 입게 되지요."

"그 말은……."

유령은 무슨 말인가를 하려고 하다가 잠시 입을 다물었다. 나의 긴장은 극도에 달했다. 마치 나의 운명이 그 여자의 대답에 달려 있는 기분이었다. 제발 그 영의 말을 들으라고 엎드려 애원이라도 하고 싶었다.

"그래요. 용기를 내서 나와 보세요."

영이 말했다.

나는 유령이 그 말에 따를 거라고 생각할 뻔했다. 유령은 틀림없이 움찔했다. 하지만 별안간 고래고래 소리를 질렀다.

"싫어, 절대 못해, 절대 못한다구요. 한순간, 당신 말을 듣고 있는 그 잠깐 동안 하마터면…… 하지만 생각해 보니까…… 당신이 무슨 권리로 나한테 그런 짓을 하라는 거예요? 구역질 나요. 그런 짓을 하고 나면 절대 나 자신을 용서하지 못할 거예요. 절대, 절대 못 나가요. 난 억울해요. 여행을 떠나기 전에 미리 이런 말을 해 주었어야죠. 이제 와서…… 제발, 제발 저리 가요!"

"친구여……."

영이 말했다.

"단 한 순간만이라도 당신 자신이 아닌 다른 것에 마음을 쏟을 수는 없나요?"

"난 이미 대답했어요."

유령은 싸늘하게, 하지만 여전히 눈물 젖은 목소리로 말했다.

"그렇다면 한 가지 방법밖에 없군요."

영이 이렇게 말하더니 입술에 뿔나팔을 대고 부는 바람에 나는 혼비백산하고 말았다. 두 손으로 귀를 틀어막았다. 지축이 울리는 듯했다. 그 소리에 숲 전체가 진동하며 울렸다. 그리고 잠시 정적이 흐른 후에(마치 연이어 일어난 일처럼 느껴지긴 했지만) 육중한 말 발굽 소리가 들려왔다. 처음에는 아주 멀리서 들렸지만 무슨 소리인지 채 알아차리기도 전에 가까워지더니 순식간에 코앞에 임박하는 바람에 나는 어디 숨을 곳이 없나 두리번거려야 했다. 그러나 숨을 곳을 찾기도 전에 사방에서 위험이 다가왔다. 한 떼의 유니콘들이 천둥처럼 숲 속 빈터마다 튀어나온 것이다. 제일 작은 유니콘이 스물일곱 뼘이나 되었는데, 눈가와 콧구멍의 붉은 기미만 제외하면 온몸이 백조처럼 희었으며, 뿔은 번쩍이는 쪽빛이었다. 유니콘의 발굽 아래 촉촉하고 보드라운 풀밭이 으깨지던 소리와 덤불의 잔가지가 뚝뚝 부러지던 소리, 말들의 콧소리와 힝힝거리던 울음소리가 지금도 귓전에 들리는 듯하다. 뒷다리를 번쩍번쩍 치켜들며 모의 전투라도 치르듯 뿔 달린 머리를 숙이던 모습도 눈에 선하다. 그 와중에서도 '저 정도가 연습이라면 진짜 싸움은 어떨까' 하는 생각을 했던 기억이 난다. 나는 유령의 비명 소리를 들었다. 유령이 덤불에서 후다닥 뛰어나왔던 것 같다……. 아마 영이 있는 쪽으로 뛰어갔겠지만 정확히는 모르겠다. 나도 그만 용기를 잃고 달아나기 시작했기 때문이다. 잠시나마 발 밑의 고통마저 까맣게 잊은 채, 감히 한순간도 발길을 멈추지 못했다. 그래서 두 사람의 대화가 어떻게 끝났는지 끝내 보지 못했다.

9

"어디로 가시는가?"

스코틀랜드 억양이 강하게 섞인 목소리가 들렸다. 나는 발을 멈추고 그쪽을 바라보았다. 유니콘들의 소리는 이미 희미하게 사라져 들리지 않았고, 나는 어느새 사방이 트인 들판에 나와 있었다. 변함없는 여명이 자리잡고 있는 산맥이 보였고, 히스가 자라고 있으며 앞쪽에 크고 매끈한 바위들이 자리잡고 있는 야산 위에 소나무 두세 그루가 서 있는 게 보였다. 그 바위 중 하나에 거인이라고 해도 좋을 만큼 어마어마하게 큰 남자가 수염이 치렁치렁한 모습으로 앉아 있었다. 그때까지는 견고한 영들의 얼굴을 정면으로 대한 적이 없었다. 그런데 정면으로 대하고 보니, 무언가 이중적으로 보인다는 사실을 알 수 있었다. 그는 보좌에 앉은 빛나는 신처럼 보였고, 세월에 변하지 않는 그 영혼의 무게가 마치 순금의 짐처럼 육중하게 느껴져 왔다. 그러나 동시에 예전에 양치기였나 싶을 만큼 풍상에 단련된 노인—관광객들은 그 정직함을 보고 소박한 사람으로 여길 뿐이지만, 이웃들은 '속 깊은' 사람으로 여기는 인물—으로 보이기도 했다. 그의 눈에는 고독한 노천에서 오랜 세월을 살아온 사람들 특유의 표정, 어딘가 먼 곳을 바라보는 듯한 표정이 깃들어 있었다. 또 거듭남을 통해 이렇게 불멸의 존재로 깨끗이 씻기기 전에는 거미줄 같은 주름살이 눈가에 가득했으리라는 것을 짐작할 수 있었다.

"저……, 저도 확실히 모르겠습니다."

내가 말했다.

"그럼 앉아서 나하고 얘기 좀 하세."

그가 바위 위에 내 자리를 마련해 주었다.

"저는 선생님이 누구신지 모릅니다."

내가 그 옆에 앉으며 말했다.

"내 이름은 조지라네. 조지 맥도널드."

"아!"

나는 탄성을 질렀다.

"그럼 제게 말씀해 주실 수 있겠군요! 선생님은 절 속이지 않을 테니까요."

이렇게 자신 있게 말할 수 있는 근거를 해명해야 할 것 같아, 나는 떨면서 그의 작품이 내게 어떤 영향을 끼쳤는지 설명하고자 애를 썼다. 어느 싸늘한 오후, 레더헤드 역에서 처음으로 《판테스티스 *Phantastes*》(출간된 지 16년쯤 되었을 때였다)를 샀던 순간이 내게는 마치 단테가 베아트리체를 처음 본 바로 그 순간과 같았다는 것, **그때부터 새로운 삶이 시작되었다는 것**을 설명하고자 애를 썼다. 나는 그럼에도 불구하고 삶이 얼마나 오랫동안 상상력의 영역에만 제한되어 있었는지도 고백하기 시작했다. 그의 기독교 세계와 그 새로운 삶이 단순히 우연찮은 인연으로 맺어진 게 아니라는 사실을 얼마나 천천히, 마지못해 인정했는지, 그의 책에서 처음 마주친 특질의 진정한 이름이 바로 '거룩함'이라는 것을 똑바로 보지 않으려고 얼마나 노력했는지 말이다. 그는 내 손을 잡으며 말을 막았다.

"이보게, 자네의 사랑은—모든 사랑이 다 그렇지만—내게 말로 표현할 수 없이 귀한 것일세. 하지만 소중한 시간을 조금이라도 절약할 수 있도록(이 말을 할 때 그는 영락없는 스코틀랜드 사람처럼 보였다)[5] 이 말을 해 줌세. 나는 이미 자네의 일생을 속속들이 알고 있네. 사실 자네 기억이 한두 군데 잘못되어 있다는 점도 알아챘지."

"아!"

---

5) 스코틀랜드 사람들은 인색한 것으로 평판이 나 있다. 일종의 농담.

나는 감탄사를 내뱉고, 이내 입을 다물었다.

"자네가 아까 좀더 유익한 이야길 꺼냈었는데."

스승Teacher이 밀했다.

"참, 그 일을 까맣게 잊어버릴 뻔했네요. 여전히 그 문제가 궁금하긴 하지만, 어떤 대답이 나올까 불안한 마음은 이제 사라졌습니다. 저는 유령들에 대해 묻고 싶었습니다. 유령 중에 하나라도 여기 남는 이가 있습니까? **정말** 유령들도 여기 머물 수 있습니까? 정말 그들에게 선택권이 있습니까? 유령들은 어떻게 여기에 오게 된 겁니까?"

"'레프리제리움Refrigerium'에 대해 들어 본 적 없나? 자네처럼 학식 있는 사람이라면 제레미 테일러는 물론이고 프루덴티우스의 글에서 그 말을 들어 본 적이 있을 텐데."[6]

"말은 들어 본 것 같은데, 뜻은 잊어버린 것 같습니다."

"저주받은 자들에게도 휴가, 이를테면 소풍이 있다는 뜻일세."

"그럼 **이 나라로** 소풍을 온 거란 말씀입니까?"

"물론 소풍을 오겠다고 한 사람들에 한해서. 물론 대부분의 어리석은 피조물들은 아예 올 생각조차 하지 않지. 그들은 차라리 지구로 가는 편을 택한다네. 거기 가서 '영매'라고 불리는 불쌍하

---

6) '레프리제리움'은 '원기를 회복하는 곳place of refreshment'이라는 뜻으로, 로마인들은 죽은 이의 무덤에서 음식을 나누어 먹으며, 죽은 이가 '레프리제리움'에 가기를 빌었다. 제레미 테일러는 17세기 영국의 성공회 성직자이자 작가이고, 프루덴티우스는 기독교 교리를 알레고리로 표현한 시들로 유명한 5세기 초 로마의 시인이다.

고 어리석은 여자들한테 장난이나 치려는 게지. 한때 자기가 살았던 집에 대한 소유권을 주장하려 들기도 하고. 그렇게 해서 이른바 귀신 붙은 집이 생기는 거라네. 어떤 유령들은 자기 자식들이 어떻게 사나 보러 가기도 하고, 문학적인 유령들은 공공도서관에 숨어서 누가 아직도 자기 책을 읽나 살펴보기도 하지."

"여기 온 유령들은 정말 계속 머물 수가 있나요?"

"그럼. 로마 트라야누스 황제가 그렇게 해서 여기 있게 되었다는 소식을 자네도 곧 듣게 될 걸세."

"하지만 이해가 안 됩니다. 일단 심판을 받으면 그걸로 끝 아닙니까? 정말 지옥에서 빠져나와 천국으로 올 수가 있습니까?"

"그건 자네가 단어를 어떻게 사용하느냐에 달려 있네. 그 회색 도시를 버리고 떠난 사람에게 그곳은 지옥이 아닐세. 그 사람들한테는 연옥인 셈이지. 그리고 이 나라도 '천국'으로 부르지 않는 게 좋겠네. 자네도 알겠지만 여긴 깊은 천국이 아니거든(이 대목에서 그는 내게 미소를 지어 보였다). 그보다 여긴 '생명의 그늘이 드리운 골짜기'라고 할 수 있네. 반면에 저 아래 도시의 서글픈 거리들은 '사망의 음침한 골짜기'[7]라고 할 수 있겠지. 물론 계속 거기 머무는 사람들에게는 처음부터 '지옥'이지만."

어리둥절해하는 내 표정을 눈치챘는지, 그가 다시 말을 이었다.

---

7) 시편 23편 4절 참조.

"이보게, 지금 자네 상태로는 영원을 이해할 수 없다네. 아노도스[8]는 '시간이 없는 세계'의 문틈을 엿보았지만 어떤 메시지도 갖고 돌아올 수 없었지. 하지만 '천국과 지옥뿐 아니라 악惡도 완전히 성숙하고 나면 소급력을 갖게 된다'는 관점에서 보면, 영원을 엇비슷이 이해할 수 있을 걸세. 구원받은 자들에게는 이 골짜기뿐 아니라 지상에서 살았던 과거도 모두 천국이 되는 거라네. 저주받은 자들에게는 회색 도시의 황혼뿐 아니라 지상에서 살았던 삶 전부가 지옥이 되는 거고. 인간들이 오해하는 게 바로 이 부분이야. 그들은 잠깐 고통을 겪으면서도 '어떤 축복도 이 고통을 보상해 줄 순 없어'라고 말하거든. 천국을 일단 얻고 나면, 그것이 과거의 괴로움에 소급적으로 작용해서 그 괴로움을 영광으로 변화시킨다는 사실을 모르는 게지. 또 인간들은 죄스러운 쾌락을 누릴 때 '**이번만** 즐기고 대가는 나중에 치르자'고 말하지만, 나중에 받은 저주가 과거로 거슬러 올라가 그 죄의 쾌락을 얼룩지게 만든다는 사실 또한 꿈에도 모른다네. 이 두 과정은 우리가 죽기 훨씬 전부터 시작되지. 선한 사람의 과거는 용서받은 죄와 기억 속의 슬픔마저 천국의 특질을 띄도록 변화되는 반면, 악한 사람의 과거는 이미 자기 악의 틀에 맞추어져서 결국은 음울함으로 가득 차 버리는 걸세. 바로 이것이 이 위에서는 태양이 뜨고 저 아래에서는 황혼이

---

8) 《판테스티스》의 등장인물.

지면서 어둠이 시작되는 종말의 날에 축복받은 자들은 '우린 천국 아닌 곳에서 살았던 적이 없어'라고 말하게 되는 이유이며, 버림받은 자들은 '우린 항상 지옥에 있었어'라고 말하게 되는 이유라네. 양쪽 모두 진실을 말하게 될 걸세."

"사실 모든 사람이 그런 말을 한다는 건 어려운 일 아닙니까?"

"내 말은, 그들이 무슨 말을 하든 그 속에 담긴 진짜 의미는 그럴 거라는 뜻일세. 겉으로 하는 말은 물론 다 다르겠지. 어떤 사람은 옳건 그르건 항상 조국에 봉사했다고 말할 걸세. 예술을 위해 모든 걸 희생했다고 하는 사람도 있겠고, 자기는 그 어느 것에도 속은 적이 없다고 하는 사람, 감사하게도 자기는 항상 '제1인자'만 받들었다고 하는 사람도 있을 게야. 그리고 거의 대부분이 적어도 자기는 자기 자신에게 충실했다고 말할 테지."

"그러면 구원받은 사람들은요?"

"아, 구원받은 사람들……. 그들한테는 신기루와 정반대 되는 일이 일어난다고 하는 말이 가장 정확할 걸세. 처음 입구에 들어섰을 때는 참담한 시련의 골짜기로만 보였는데, 나중에 뒤를 돌아보니 우물인 것처럼. 또 당장 걸을 때는 소금 사막밖에 보이지 않았는데, 기억 속에는 '못들마다 물이 한가득씩 출렁거리던 곳'이라는 참된 기록이 남겨지는 식이지."

"그렇다면 천국과 지옥은 단지 심리 상태에 불과하다고 주장하는 사람들의 말이 맞는 건가요?"

"쉿!"

그가 엄하게 말했다.

"신성모독은 하지 말게. 지옥은 심리 상태가 맞네. 자네 입에서 나온 말 중에 그보다 더 참된 말은 없을 게야. 어떤 심리 상태도 그대로 방치해 두면, 즉 피조물이 자기 마음의 감옥 속에 자신을 가두어 고립을 자초하다 보면 결국 지옥이 되는 게야. 하지만 천국은 심리 상태가 아닐세. 천국은 실재 그 자체야. 철저히 실재적인 것이야말로 천상의 것일세. 흔들릴 것은 다 흔들려 사라지고 오로지 흔들리지 않는 것만이 남는 거니까."

"하지만 사후에도 진짜 선택이라는 게 있을 수 있나요? 가톨릭을 믿는 제 친구가 이 말을 들으면 놀랄 겁니다. 가톨릭 신앙에 따르면 연옥에 있는 영혼은 이미 구원을 받은 거나 마찬가지니까요. 개신교 친구들도 이런 이야기는 별로 좋아하지 않을 겁니다. 한번 쓰러진 나무는 영원히 쓰러진 거라고 할걸요."

"어쩌면 둘 다 맞을지도 모르네. 그런 질문들로 괜히 괴로워하지 말게. 선택과 시간을 초월하지 않는 한, 절대 그 둘 사이의 관계를 완전히 이해할 수 없다네. 게다가 그런 호기심 어린 문제나 연구하라고 자넬 여기로 불러온 게 아닐세. 자네가 신경 써야 할 것은 선택의 본질 그 자체야. 자넨 유령들이 어떤 선택을 내리는지 직접 보게 될 걸세."

"글쎄요, 선생님. 그 부분도 설명이 좀더 필요한데요. 다시 돌아가는 유령들은 대체 무엇을 선택하는 겁니까?(돌아가지 않는 유령은 아직 하나도 못 봤거든요.) 그들은 어떻게 지옥을 **선택할 수** 있지요?"

"밀턴이 옳았어."

스승이 말했다.

"버림받은 영혼들의 선택은 '천국에서 섬기느니 차라리 지옥에서 지배하는 편이 낫다' 는 말로 표현될 수 있다네. 사람들이 비참한 대가를 치르면서까지 지키려고 고집하는 것들이 늘 있게 마련이지. 사람들은 기쁨보다 더 좋아하는 것, 즉 실재보다 더 좋아하는 것을 늘 갖고 있다네. 미안하다고 말하고 화해하느니 차라리 저녁도 못 먹고 놀지도 못하는 편을 택하는 버릇없는 아이들을 보면 쉽게 알 수 있지 않나. 흔히 아이들의 그런 행동을 '심통 부린다' 고들 하지. 하지만 어른이 그런 짓을 할 때는 수백 가지 근사한 이름들을 붙여 놓는다네. 아킬레우스의 분노라든지 코리올라누스의 위대함이라든지, 복수, 명예 훼손, 자중심, 비극적 위대함, 정당한 자존심 따위의 이름들 말일세."

"그렇다면 천박한 악덕 때문에 버림받는 자는 없단 말씀이신가요? 단순한 육욕 때문에 버림받는 자는 없습니까?"

"물론 있지. 관능주의자는 사소하지만 진정한 쾌락을 추구하다가 결국 그 길로 완전히 빠져 들고 만다네. 그런 이들의 죄는 그래도 가벼운 편이야. 하지만 쾌락은 점점 줄어들고 갈망은 점점 맹렬해지는데도, 또 그런 방법으로는 절대 기쁨을 얻을 수 없다는 사실을 알게 된 후에도 여전히 기쁨을 얻는 쪽보다는 달랠 수 없는 정욕을 난순히 어루만져 주는 쪽을 택하고, 절대 그걸 포기하지 않으려 드는 때가 온다는 게 문제라네. 그런 사람은 목숨을 걸고 싸워서라도 그걸 지키고 싶어한다네. 물론 가려운 데를 긁을 수 있을 때야 좋지. 하지만 더 이상 긁을 수 없는데도 가려움증이 아예 사라지는 쪽보다는 남아 있는 쪽을 택한단 말이야."

그는 몇 분간 침묵을 지키더니 다시 말을 시작했다.

"자네도 곧 알게 되겠지만, 이곳의 선택에는 수없이 많은 형태가 있다네. 지상에서는 생각조차 못했던 형태로 선택하는 경우들도 있지. 얼마 전에 여기 왔다가 다시 돌아간 이가 있는데—유령들은 그를 아치볼드 경이라고 부르더군—지상에서 살 때 '사후에도 생존할 것인가' 하는 문제 외에는 아무 데도 흥미가 없었다는 게야. 그래서 그 주제에 관해 책장 하나가 꽉 찰 정도로 책을 써 댔다네. 처음엔 철학적으로 시작했지만, 결국 심령 연구에 착수하게 되었지. 나중엔 거기 완전히 빠져서 실험하고 강의하고 잡지까지 펴내게 되었다네. 여행도 다녔지. 티베트의 라마승한테서 이상한 이야기들을 캐내기도 하고, 중앙아프리카에서 의형제 의식을 치르기도 하면서. 증거, 더 많은 증거, 더 더 많은 증거를 찾는 것이 그가 원하는 바였네. 다른 일에 관심을 갖는 사람을 보면 미친 듯이 화를 냈지. 전쟁통에도 온 나라를 돌아다니며 연구에 써야 할 돈을 이렇게 낭비하면 안 되니 싸움을 중지하라며 설득하다가 곤경에 빠질 정도였으니까. 아무튼 때가 되어 그 가련한 인생은 죽었고 이리 오게 되었지. 우주의 어떤 힘을 동원한다 해도, 여기 머물러 산맥으로 가겠다는 그를 막을 수는 없었을 걸세. 하지만 그렇다고 그 친구한테 무슨 득이 있었는 줄 아는가? 이 나라는 그에게 아무 쓸모가 없었다네. 여기 있는 모든 이들은 이미 '생존하고 있는' 사람들이었으니까. 아무도 그 문제에 관심을 갖지 않았지. 더 이상 증명할 게 남아 있지 않았던 게야. 그가 평생 매달려 왔던 관심사가 깨끗이 사라져 버린 걸세. 물론 그가 이 상황을 인정하고, 자신이 수단을 목적으로 착각하는 실수를 범했다는 걸 시인한 후 자신을 큰 소리로 한번 비웃어 주었더라면, 어린아이처럼 새 출발해서 기쁨으로 뛰어들 수 있었을 게야. 하지만 그는 그러려고 하지 않았지. 그는 기쁨에는 전혀 관심이 없었네. 결국 그는 떠나 버렸지."

"정말 별난 사람이군요!"

"그렇게 생각하는가?"

스승은 찌르는 듯한 시선을 던지며 말했다.

"그는 자네가 생각하는 것보다 더 자네와 비슷하다네. 전에는 하나님의 존재를 증명하는 데 지나치게 관심을 기울인 나머지, 하나님의 존재 외에는 아무것도 신경 쓰지 않게 된 사람들도 있었지……. 마치 주님이, **존재하는 일** 말고는 다른 할 일이 전혀 없는 분인 것처럼 말이야! 기독교를 전파하는 데 너무나도 몰입한 나머지 그리스도는 아예 쳐다볼 생각도 하지 않았던 사람들도 있다네. 인간이란……! 더 사소한 일에서도 똑같은 현상을 발견할 수 있지. 초판본이며 저자가 서명한 판본들은 모두 소장하고 있으면서도, 막상 그 책들을 읽을 능력은 상실한 서적 애호가를 본 적이 있지 않나? 아니면 가난한 사람들에 대한 사랑을 잃어버린 자선 사업가는? 그건 덫 중에서도 가장 교묘한 덫이지."

화제를 바꾸고 싶은 마음이 든 나는, 견고한 영들이 그처럼 사랑이 충만하다면 어째서 지옥으로 내려가 유령들을 구출하지 않는 거냐고 물었다. 왜 그들은 단순히 들판으로 마중 나오는 데 만족하는가? 좀더 적극적인 자비를 베풀어야 하는 것이 아닌가?

"그 문제는 이곳을 떠나기 전에 더 잘 이해하게 될 걸세. 일단은 그들이 유령들을 만나기 위해 자네 생각보다 훨씬 더 먼 거리를 달려왔다는 점을 말해 둠세. 우리는 모두 산맥에 더 가까이 다가가기 위해 살고 있네. 그런데 그 여행을 제쳐 두고 측정할 수도 없을 만큼 먼 거리를 되돌아와 오늘 여기까지 오게 된 걸세. 다만 몇 명의 유령이라도 구할 수 있을지 모른다는 그 기대 하나로 말이야. 물론 이런 역할을 하는 것도 기쁜 일이긴 하지만, 고작 그런 일만 한다고 우리를 비난해선 안 되지! 행여 우리가 이보다 더한 일을 할 수 있다 해도 어차피 무익한 짓일 뿐이야. 광인狂人을 도우려고 멀쩡한 사람이 따라 미치는 게 무익한 짓인 것처럼 말일세."

"하지만 버스를 못 타는 불쌍한 유령들은 어떻게 합니까?"

"타고 싶어하는 사람은 다 타게 되어 있으니 걱정 말게. 세상에는 딱 두 종류의 인간밖에 없어. 하나님께 '당신의 뜻이 이루어지이다' 라고 말하는 인간들과, 하나님의 입에서 끝내 '그래, 네 뜻대로 되게 해 주마' 라는 말을 듣고야 마는 인간들. 지옥에 있는 자들은 전부 자기가 선택해서 거기 있게 된 걸세. 자발적인 선택이라는 게 없다면 지옥도 없을 게야. 진지하고도 끈질기게 기쁨을 갈망하는 영혼은 반드시 기쁨을 얻게 되어 있네. 찾는 이가 찾을 것이요, 두드리는 이에게 열릴 것이니라.[9]"

그때 갑자기 어마어마하게 빠른 속도로 떠드는 유령의 가느다란 목소리가 끼어들어 대화가 중단되었다. 뒤를 돌아보니 그 목소리의 주인공이 보였다. 유령은 어떤 견고한 영과 이야기를 나누고 있었는데, 어찌나 말하기에 바쁜지 우리 존재는 눈치채지도 못했다. 가끔씩 견고한 영이 한마디씩 끼어 보려 했지만 허사였다. 유령의 이야기는 다음과 같았다.

"오, 세상에! 난 정말 끔찍한 시간을 보냈어요. 도대체 어떻게 여기로 오게 되었는지도 모르겠네. 앨리너 스톤하고 같이 오기로 약속하고 계획을 다 짰는데. 싱크 스트리트 모퉁이에서 만나기로 했거든요. 그 여자가 어떤 사람인지 잘 알기 때문에 절대 그 끔찍

---

9) 마태복음 7장 8절 참조.

스러운 마조리뱅크스 여성회관 밖에서는 **만나지 않겠다고** 수백 번이나 확실히 말을 해 뒀다구요. 날 그런 식으로 취급하다니…… 그건 정말 내가 이제껏 겪은 일 중에 최악이었어요. 정말이지 이 말을 당신한테 얼마나 해 주고 싶었는지 몰라요. 당신은 틀림없이 내가 옳았다고 할 테니까. 아니, 잠깐만요! 내 얘기 좀 들어 보라니까요. 처음에 여기 왔을 땐 그 여자랑 살아 보려고 노력을 많이 했다구요. 그 여자는 요리를 하고 저는 집안일을 돌보기로 했지요. 이제야 온갖 고생 끝에 좀 편하게 살아 보나 **생각했더니**, 그 여자가 완전히 이기적으로 **확** 변해 버린 거예요. 남한테는 일말의 동정심도 없는 거 있죠. 그래서 한마디 했죠. '나도 눈곱만한 배려를 받을 자격은 있다고 **생각해**. 최소한 당신은 제 수명이라도 채우고 왔지만, 난 여기서 이렇게 긴 세월 썩어서는 안 될 사람이라고.' 참, 당신은 내 사정을 모른다는 걸 깜박 했네, 전 살해당했어요, 맞아요. 살해당한 거지요. 세상에, 그 인간은 수술 칼을 잡아선 안 될 사람이었는데, 그랬으면 나는 지금도 멀쩡히 살아 있을 텐데, 게다가 그 인간들은 날 끔찍한 요양원에 처넣고 와 보지도 않고……"

　말을 하던 여자가 바로 곁에 참을성 있게 동행하고 있는 빛나는 존재와 함께 멀어져 가면서, 새되고 단조로운 불평 소리도 잦아들었다.

　"이보게, 자네 왜 심란해하는가?"

스승이 물었다.

"저 불행한 영혼은 지옥과는 거리가 멀어 보이네요. 그래서 심란합니다. 저 여자는 악하지 않습니다. 불평하는 버릇이 있는 어리석고 수다스러운 노인일 뿐이지요. 약간의 친절과 휴식과 변화만 있으면 만족해할 사람이라고요."

"한때는 그랬지. 어쩌면 지금도 그런지 몰라. 그렇다면 아마 치유될 수 있을 걸세. 하지만 문제는 지금 과연 **저 여자가** 불평하고 있는가 하는 데 있다네."

"그 점은 너무나 분명하지 않습니까!"

"그래, 하지만 자넨 내 말을 오해하고 있어. 문제는 저 여자가 불평하고 있는가, 불평 그 자체가 불평하고 있는가 하는 데 있다네. 저 불평의 껍데기 속에 진짜 여자가 아직도 있다면―그 흔적이라도 남아 있다면―그 속에 다시 생명을 불어넣을 수 있지. 저 회색 잿더미 속에 티끌만한 불씨라도 남아 있다면 우린 그 잿더미가 붉고 선명한 불꽃으로 되살아날 때까지 열심히 입김을 불어넣을 걸세. 그러나 온통 잿더미뿐이라면 입김을 불어넣을 생각을 영원히 할 수가 없지. 거기 입김을 불었다가는 전부 날아가 버리고 말 테니까."

"하지만 불평하는 사람 없이 어떻게 불평이 존재할 수 있습니까?"

"지옥을 이해하기 어려운 이유는 이해되는 일이 거의 '없다'는

데 있다네. 하지만 자네도 곧 경험하게 될 걸세……. 처음엔 불평하고 싶은 기분만 느끼지. 자네 자신은 그 기분과 거리를 두고 떨어져 있는 채로 말일세. 심지어 그런 기분을 비판할 수도 있네. 그러다가 어둠의 때가 오면 자네 자신이 적극적으로 그런 기분을 만들어 내게 되고 포용하게 된다네. 물론 뉘우치고 그 기분을 떨쳐버릴 수도 있지. 그러나 더 이상 그렇게 할 수 없는 날이 온다네. 그때는 이미 그런 기분을 비판할 '자기 자신', 아니 그런 불평을 즐기는 '자기 자신'이라는 게 없어져 버리지. 그저 기계처럼 불평 그 자체가 계속 쏟아져 나올 뿐일세. 자, 이리 오게! 자네가 여기온 목적은 보고 듣기 위해서가 아닌가. 내 팔에 기대게. 같이 산책이나 좀 하세."

나는 그 말에 따랐다. 나보다 나이 많은 이에게 기대어 걷다 보니 마치 어린 시절로 돌아간 듯한 느낌이 들었고, 훨씬 걸을 만했다. 정말이지 어찌나 걷기가 수월한지 두 발이 벌써 단단해지고 있는 건 아닌가 싶어 잠시 우쭐하기까지 했다. 하지만 딱할 정도로 투명한 내 두 발을 슬쩍 내려다보니, 이것이 다 스승의 튼튼한 팔에 기댄 덕분임을 인정하지 않을 수 없었다. 그의 존재 때문에 다른 감각들도 일깨워지는 듯했다. 그때까지는 맡을 수 없었던 향기가 공기 중에 감돌고 있는 것이 느껴졌고, 들판도 새로운 아름다움을 보여 주고 있었다. 어디를 둘러보나 물이 있었고, 자디잔 꽃들이 이른 새벽바람에 파르르 떨고 있었다. 우리는 숲 속 저 멀리에서 사슴이 뒤돌아보는 모습을 보았고, 한번은 털이 매끄러운 표범이 내 동행의 곁에 다가와 낮은 소리로 그르렁거리기도 했다. 유령들도 많이 보았다.

그 중에서도 가장 가련한 유령은 어떤 여자 유령이었다. 그 여자의 문제는 유니콘들을 보고 혼비백산했던 아까 그 숙녀와는 정반대의 것이었다. 이 유령은 자기가 유령의 형상을 하고 있다는 사실을 전혀 모르는 것 같았다. 처음에는, 그 여자가 자기한테 말을 걸려는 견고한 영들에게 왜 그런 행동을 보이는지 몰라서 어안이 벙벙했다. 그는 거의 보이지도 않는 얼굴을 찡그리면서 연기 같은 몸을 의미 없이 배배 꼬았다. 마침내 나는 그 여자가 아직도 남자들을 유혹할 수 있다고 믿고 있으며 그래서 자기 나름대로 애를 쓰고 있다는 결론—정말 믿어지지 않는 일이긴 했지만—을 내렸다. 그 여자는 남자를 유혹하려는 목적 없이 대화한다는 것은 아예 상상조차 할 수 없는 존재가 되어 있었다. 다 썩어서 흐물흐물해진 시체가 관에서 벌떡 일어나 잇몸에 립스틱을 칠하고 남자를 꼬시려 든다 해도 그보다 더 끔찍하진 않았을 것이다. 결국 그 여자는 "바보 같은 것들"이라고 중얼거리면서 버스로 돌아가 버렸다.

그 모습을 보니 문득 궁금한 생각이 들어서, 스승에게 유니콘 사건을 어떻게 생각하는지 물어보았다.

"어쩌면 성공했을지도 몰라. 자넨 그가 여자를 겁주려고 유니콘을 불러냈다고 생각하겠지. 두려움 때문에 유령이 단단해지는 건 아니지만, 어쨌든 그 덕분에 한순간이라도 마음을 자기 자신에게서 딴 데로 돌릴 수만 있다면 그 순간 자체가 하나의 기회가 될 수도 있지. 그런 식으로 구원받은 사람들이 전에도 있었다네."

그 밖에도 몇몇 유령을 더 봤는데, 그들은 오로지 '천상인들'에게 지옥 이야기를 해 주고 싶다는 이유 하나 때문에 여기 온 유령들이었다. 사실 이런 무리는 흔한 부류에 속한다. 그런가 하면 생전에 선생 노릇을 한 듯한(나처럼) 유령들은 지옥에 대해 강의를 하려 들었다. 통계표가 꽉꽉 들어찬 두터운 노트와 지도를 들고 오기도 했고, 심지어 환등기까지 들고 온 유령도 있었다. 어떤 유령들은 지옥에서 만난 역사상 악명 높은 죄인들의 일화를 들려 주고 싶어했다. 그러나 대부분은 순전히 자신들의 힘으로 지옥의 비참함을 경험하게 되었다는 데 일종의 우월감을 느끼고 있었다.

"당신들은 온실 속에서 살았소!"

그들은 호통을 쳤다.

"삶의 어두운 측면에 대해서는 아무것도 모른단 말이오. 우리가 가르쳐 주겠소. 냉혹한 현실이 뭔지 알려 주리다."

마치 지옥의 이미지와 색채로 천국을 물들이는 것이 그들이 여기 온 유일한 목적인 듯했다. 내가 아래 세상을 탐험한 바에 따르면 그들의 말은 전부 믿을 수 없는 것들이었으며, 그들은 한결같이, 여행 끝에 도착한 이 새로운 세상에 일말의 호기심도 품지 않았다. 무엇을 좀 가르쳐 주려고 해도 전부 거부했고, 아무도 자기들의 애기를 들어 주지 않자 하나씩 버스로 돌아가 버렸다.

지옥을 묘사하고자 하는 이 기이한 소망은, 알고 보니 유령들 사이에 아주 흔하게 나타나는 욕망—지옥을 **확장해서** 최대한 구체적인 형태로 천국에 들여오려는 욕망—이 그나마 가장 온건한 형태로 발현된 것이었다. 개중에는 박쥐처럼 가느다란 목소리로 열변을 토하면서, 축복받은 영혼들에게 족쇄를 풀어 버리고 행복의 감옥에서 벗어나 두 손으로 산맥을 찢어발겨 버리고 '그들 자신을 위해' 천국을 장악하라고 선동하는 유령들도 있었다. 그들은 지옥의 협조를 약속했다.

그런가 하면 강에 댐을 세우고, 나무를 벌채하고, 동물들을 죽이고, 산에 철도를 건설하고, 끔찍한 풀이며 이끼며 히스 위에 아스팔트를 깔아서 매끈하게 만들자고 호소하는 유령들도 있었다. 불멸의 영혼들에게 망상에 빠져 있다고 훈계하는 유물론자 유령들도 있었다. 사후의 삶이라는 것은 있을 수 없으며, 이 나라는 전부 환각에 불과하다는 것이 그들의 주장이었다.

말 그대로 단순한 악령들도 있었다. 그들은 그야말로 허깨비로서 자기들이 쇠락해 간다는 사실을 잘 알고 있어서, 귀신의 전통적인 역할을 수행하여 누군가에게 겁을 주고 싶어하는 것 같았다. 나는 이런 욕망을 품는 게 가능하리라는 생각조차 해 본 적이 없었다. 그러나 스승은 지상에서도 남을 겁줌으로써 쾌락을 얻는 일이 있음을 일깨우면서, 타키투스의 경구를 인용했다. "그들은 자기 두려움을 피하기 위해 남을 겁주는 것이다." 부식된 인간 영혼의 **잔해**debris는 자기가 산산이 부스러져 유령이 되어 버렸다는 사실을 알게 되며, '이제 나는 모든 인간이 두려워하는 존재가 되었다. 차가운 교회 묘지를 떠도는 유령, 존재할 수 없을 것 같은데도 어쨌든 존재하는 무시무시한 것이 되었다' 는 사실을 깨닫는다. 그러면 남을 겁주는 것이야말로 자기 자신도 유령이면서 다른 유령을 두려워하는—심지어 유령인 자기 자신마저 두려워하는—저주받은 운명에서 탈출하는 길처럼 보이는 것이다. 자기 자신을 무서워하는 것은 그야말로 최악의 공포인 만큼 그럴 만도 하다.

그러나 이런 유령들은 아무것도 아니었다. 내가 본 기괴한 망령들은 인간의 형체가 거의 남아 있지 않았다. 버스 정류장까지 기나긴 여행을 마다 않고—그들에게는 수천 마일의 거리였을 텐데도—생명의 그늘이 드리운 이 나라까지 올라와서 고문하듯이 아픈 풀밭 위를 절뚝거리며 머나먼 길을 걸어온 이 괴물들이 기껏 하는 짓이라고는, 침을 찍 뱉으면서 기쁨에 대한 시기심과 경멸감(이건 시기심보다 더 이해하기 힘든 감정이었다)을 재빨리 표현함으로써 증오의 희열을 한번 느껴 보는 것이었다. 한 번만, 딱 한 번만이라도 영원한 여명이 보이는 곳에 와서 잘난 척하는 꼰대들, 지체 높은 척하는 인간들, 경건한 척하는 협잡꾼들, 속물들, 이른바 '가진 놈들' 을 자기들이 어떻게 생각하는지 표현할 수만 있다면 그

오랜 여행 정도의 대가는 오히려 가볍다고 생각하는 게 분명했다.

"어떻게 저런 괴물들이 여기까지 올 수가 있죠?"

내가 스승에게 물었다.

"저런 괴물도 회심하는 걸 본 적이 있지. 저들보다 저주를 덜 받은 것처럼 보이는 유령들은 다 지옥으로 돌아갔는데 말일세. 때로는 선을 전혀 모르거나 스스로 선하다고 착각하는 자들보다 저들처럼 선을 증오하는 자들이 더 선에 가까울 수 있다네."

"쉿, 조용히!"

별안간 스승이 말했다. 우리는 덤불 숲 근처에 서 있었는데, 그 뒤로 방금 서로 만난 듯한 유령과 견고한 영 하나가 보였다. 유령의 윤곽선이 어딘가 낯이 익었다. 하지만 내가 지상에서 보았던 것은 그 사람 본인이 아니라, 신문에 실린 그의 사진들이었다는 걸 곧 깨달았다. 그는 유명한 예술가였다.

"오, 하나님!"

유령이 주변 풍경을 둘러보며 탄성을 질렀다.

"하나님은 왜 부릅니까?"

영이 물었다.

"하나님을 왜 부르냐니, 무슨 뜻이지요?"

유령이 말했다.

"우리 문법에서 '하나님'은 명사거든요."

"아— 알겠어요. 난 그냥 '이럴 수가'라는 뜻으로 한 말이었는데. 내 말은…… 그러니까 **이 모든 걸** 한번 보라는 뜻이었습니다. 이건…… 이건……, 이 풍경을 그리고 싶군요."

"제가 당신이라면 지금 당장은 그런 데 신경을 쓰지 않을 겁니다."

"여길 좀 보세요. 이런 풍경을 그릴 수 없단 말인가요?"

"보는 게 먼저지요."

"하지만 벌써 봤습니다. 보고 싶었던 걸 봤다구요. 오, 하나님! 화구를 가져왔더라면 좋았을걸!"

영은 고개를 가로저었고, 그러자 그의 머리카락에서 빛이 사방으로 흩뿌려졌다.

"그런 물건들은 여기서 아무 쓸모가 없습니다."

"무슨 뜻이지요?"

유령이 말했다.

"지상에서 당신이 그림을 그렸던 건—그러니까 적어도 초창기에는—지상의 풍경에서 천국을 어렴풋이 보았기 때문입니다. 당신의 그림이 성공을 거둔 것도 사람들이 그 그림에서 천국을 어렴풋이 보았기 때문이구요. 하지만 이곳에는 당신이 어렴풋이 본 것의 본질이 있습니다. 당신이 전달하고자 했던 메시지의 근원이 있다는 말이지요. 우리에게 이 나라에 대해 **이야기하는** 것은 무익한 짓입니다. 우리는 벌써 이 나라를 보고 있으니 말입니다. 사실 우리는 당신보다 더 잘 보고 있지요."

"그렇다면 여기에선 그림을 그리는 게 아무 의미도 없단 말입니까?"

"그런 뜻이 아닙니다. 당신이 '인격'으로 성장하게 되면(괜찮아요, 우리 모두 그렇게 되어야 하니까) 다른 사람들보다 더 잘 볼 수 있는 것들이 생길 겁니다. 그때는 우리에게 해 주고 싶은 이야기가 생기겠지요. 하지만 아직은 아닙니다. 먼저 보는 게 급선무예요. 그러니 와서 보세요. 그는 끝이 없는 분이십니다. 와서 맘껏 드세요."

잠시 침묵이 흘렀다.

"뭐, 그것도 즐겁긴 하겠지만……."

이윽고 유령이 어쩐지 지루한 듯한 어조로 말했다.

"그럼 가시지요."

영이 팔을 내밀며 말했다.

"내가 얼마나 빠른 시일 안에 그림을 **시작할 수 있게** 될까요?"

영이 웃음을 터뜨렸다.

"그것만 생각하고 있다가는 영영 그림을 못 그릴 수도 있다는 걸 모르시겠습니까?"

"무슨 뜻이지요?"

유령이 물었다.

"음, 오직 그림만을 위해 이 나라에 **관심을 갖는 한** 절대 이 나라를 제대로 볼 수 없다는 뜻입니다."

"하지만 그것이야말로 진정한 예술가가 전원의 풍경에 관심을 갖는 이유인걸요."

"그렇지 않습니다. 자꾸 잊는 것 같은데, 당신은 처음에 그렇게 생각하지 않았습니다. 빛 그 자체가 당신의 첫사랑이었지요. 오직 빛을 이야기하는 수단으로서 그림을 사랑하지 않았습니까?"

"아, 그건 까마득한 옛날이야기예요. 예술가는 그 단계를 벗어나 성장해야 합니다. 내 후기 작품을 못 본 게 확실하군요. 예술가는 갈수록 그림 그 자체에 관심을 갖게 되기 마련입니다."

"맞는 말입니다. 저 역시 그런 태도를 갖고 있다가 회복되었지요. 그건 전부 덫이에요. 저 아래에서는 잉크라든지 악기의 현이라든지 물감 같은 게 필요했지만, 그것들은 다 위험한 자극제들입니다. 시인이나 음악가나 예술가에게 은혜가 임하지 않으면, 자기가 이야기하고자 했던 것에 대한 사랑에서 점점 멀어져 이야기하는 일 그 자체를 사랑하게 되지요. 그리하여 저 깊은 지옥Deep Hell에서, 정작 하나님께는 아무 관심도 없으면서 하나님에 대해 말하는 데만 몰두하게 됩니다. 아시다시피 그들은 그림에 관심을 갖는 데서 그치지 않거든요. 그들은 더 깊이 추락해서—자기 개성에 관심을 갖게 되고, 급기야 자기의 명성 말고는 아무 데도 관심을 갖지 않는 지경이 되고 맙니다."

"저한텐 그런 문제가 별로 없는 것 같은데요."

유령이 뻣뻣하게 말했다.

"참 훌륭한 분이군요. 처음 도착했을 때부터 그 문제를 완전히 극복한 사람은 우리 중에도 별로 없거든요. 하지만 그 증세가 좀 남아 있다 해도 샘물 쪽으로 가면서 치료가 될 겁니다."

"무슨 샘물이오?"

"저 위 산맥에서 솟는 샘물이지요. 두 개의 푸른 언덕 사이로 흐르는 아주 차갑고 깨끗한 물이에요. 레테[10]와 좀 비슷합니다. 그 물을 마시면 자기가 그린 작품들의 소유권에 대해 영영 잊어버리게 되지요. 마치 다른 사람의 작품인 것처럼 즐기게 된다는 뜻입니다. 자부심도, 겸손함도 가질 필요가 없지요."

"그거 참 근사한 일이겠군요."

유령이 심드렁하게 말했다.

"그럼요, 그러니 어서 갑시다."

영이 재촉했다. 그러면서 절뚝거리는 유령을 부축해 동쪽으로 몇 발자국쯤 걸음을 옮겼다.

"물론,"

유령은 혼잣말처럼 말했다.

"늘 만나고 싶었던 흥미로운 인물들을 만날 수도 있으니까……."

---

10) 그리스 신화에 나오는 망각의 강으로서, 죽은 사람의 혼이 그 물을 마시면 자기의 과거를 전부 잊어버린다고 한다.

"모든 사람이 다 흥미로울 겁니다."

"오오, 아, 그럼요, 그렇고 말고요. 하지만 전 우리 계열 사람들을 생각하고 있었어요. 클로드를 만나게 될까요? 아니면 세잔느? 아니면……."

"조만간에 만나게 되겠지요. 그들이 여기 있다면."

"그들이 있는지 없는지 모릅니까?"

"제가 알 리가 있나요. 여기 온 지 몇 년밖에 되지 않았는걸요. 우연히 마주쳤을 확률도 거의 없어요……. 여긴 사람들이 너무 많거든요."

"하지만 유명한 사람들의 소식은 들을 것 아닙니까?"

"그 사람들은 유명하지 않아요. 다른 사람들과 똑같지요. 이해가 안 되나요? 주님의 영광은 만인에게로 흘러 들어가고, 만인에게서 흘러 나온답니다. 빛과 거울처럼요. 하지만 중요한 건 거울이 아니라 빛이지요."

"그럼 유명한 사람들이 아무도 없다는 뜻인가요?"

"여기 있는 이들은 누구나 유명합니다. 완벽한 심판을 내릴 수 있는 유일한 '정신Mind'이 그들을 알고, 기억하고, 인정하고 계시니까요."

"오, 물론 **그런 의미에서는** 그렇겠지만……."

유령이 말했다.

"걸음을 멈추지 마세요."

유령을 앞으로 당기며 영이 말했다.

"그렇다면 후세에 전해지는 명성으로 만족해야겠군요."

"친구여, 아직도 모르겠습니까?"

영이 말했다.

"뭘 말입니까?"

"당신과 나는 이미 지상에서 완전히 잊혀졌습니다."

"네? 그게 무슨 말입니까?"

유령은 잡았던 팔을 놓으며 고함을 쳤다.

"저 빌어먹을, 저주받을 신新지방주의 유파가 끝내 승리했단 말입니까?"

"주님은 당신을 사랑하십니다, 그럼요!"[11]

영은 또다시 큰 소리로 웃으면서 몸을 흔들어 빛을 흘렸다.

"요즘 유럽이나 심지어 미국에서도 당신이나 제 그림은 5파운드 값어치도 못 될걸요. 우린 완전히 한물 간 사람들이니까요."

"당장 가 봐야겠어요."

유령이 말했다.

"이거 놔요! 빌어먹을, 예술의 미래에 대한 의무라는 게 있단 말입니다. 동료들에게 돌아가야겠어요. 글을 써야겠다구요. 선언문

---

11) 'Lord loves you'는 남의 실수를 보고 놀랐을 때 쓰는 영어 관용구로서 '이런', '아이구' 등으로 표현할 수 있지만, 루이스는 하나님의 이름이 들어간 관용구들이 천국에서는 단어 그대로의 뜻으로 쓰이는 것으로 묘사해 놓았다. 173쪽에서도 '절대 안 된다'는 의미의 관용구 'God forbid'를 단어 그대로의 뜻으로 사용하고 있다.

이 있어야 해. 정간물도 간행해야겠고. 홍보를 해야 해. 이거 놔.
이따위 농담이 어디 있어!"

엉이 뭐라고 대답하기도 전에, 망령은 사라져 버렸다.

10

우리는 이런 대화도 엿들었다.

"이건 정말, **정말** 말도 안 되는 일이에요."

여자 유령 하나가 빛나는 여성을 붙들고 말하고 있었다.

"여기에서 로버트를 만나게 된다면, 꿈에서라도 머물고 싶지 않아요. 물론 그이를 용서할 마음의 준비는 되어 있어요. 하지만 그 이상은 불가능해요. 어떻게 그런 사람이 여기 올 수가…… 물론 제가 상관할 일은 아니지만."

"하지만 그를 용서했다면 틀림없이……."

"물론 나는 그리스도인으로서 그 사람을 용서해요. 하지만 절대 잊을 수 없는 일이라는 것도 있는 법이에요."

유령이 말했다.

"하지만 난 이해가 안 되는⋯⋯."

여자 영이 다시 말을 꺼냈다.

"맞아요."

유령이 살짝 웃으며 말했다.

"당신은 한 번도 이해를 못했지요. 로버트는 잘못을 모르는 사람이라고 늘 생각했잖아요. **저도** 알아요. 제발 **한순간만** 내 얘길 끊지 말고 들어 주세요. 당신이 그렇게 애지중지하는 로버트한테 제가 어떤 일을 당했는지 아마 상상도 못할걸요. 그 배은망덕이라니! 그이가 그나마 사람 노릇을 했던 건 다 제 덕분이라고요! 난 한평생 그이를 위해 희생했어요! 그런데 저한테 돌아온 보상이 뭔줄 아세요? 철저하고 완벽한 이기심이었어요. 아니, 그냥 듣기만 하시라니까요. 제가 결혼한 당시에 그이는 일 년 수입이 겨우 600파운드 정도였어요. 제 말 잘 들으세요, 힐다. 제가 아니었으면 죽을 때까지 그 모양 그 꼴이었을 거라고요. 한 발 한 발 제가 다 이끌어 줘야만 했어요. 야망이라고는 눈곱만큼도 없는 사람이었으니까요. 꼭 석탄 부대를 끌고 가는 기분이었다고요. 제가 죽도록 바가지를 긁어서 겨우 다른 부서로 옮겨 초과 근무를 하도록 했기 때문에 그나마 성공가도를 달리기 시작한 거예요. 남자들의 게으름이란! 그이도 하루에 13시간 이상은 도저히 일할 수 없다고 하더라니까요! 나는 자기만큼 일 안 한 줄 아나. 그이 일과가 끝난 뒤에도 **내 일과는** 끝나지 않았다고요. 저녁 내내 그이가 일손을 놓지 못하도록 지키고 있어야 했으니까요. 내 말뜻을 이해하실지 모르겠군요. 자기 마음대로 하게 내버려 두었다면, 저녁 식사가 끝날 때까지도 안락의자에 부루퉁하게 앉아 있기만 했을 거라고요. 자기만의 세계에 처박혀 있는 그이를 억지로 끌어내서 처진 기운을 띄워 주고 대화를 시도한 사람도 저예요. 물론 그이는 전혀 협력하지 않았지요. 제 말을 아예 듣지도 않을 때가 있었다니까요. 그이한테도 말한 거지만, 다른 건 다 관두고서라도 최소한 매너가 좋은지는 고려했어야 하는 건데……. 아무리 결혼을 했어도 제가 여전히 '숙녀'라는 걸 그인 까맣게 잊고 있는 것 같더라고요. 오로지 저 혼자 그이를 위해 몸을 아끼지 않고 노력해야 했지요. 그래도 눈곱만큼도 알아주지 않았어요. 그 손바닥만한 오두막집을 조금이라도 꾸며 보려고 **몇 시간이나** 꽃꽂이를 했는데, 저한테 감사하기는커녕 뭐라고 했는지 아세요? 책상을 쓰고 싶으니까 꽃으로 뒤덮어 놓지 않았으면 좋겠다는 거예요. 언젠 저녁에는 그이의 종이 몇 장에 꽃병 물을 엎질렀다고 얼마나 끔찍하게 소란을 피웠는지 몰라요. 그게 사실은 다 헛소동인 게, 그 종이들은 그이 일과는 아무 상관도 없는 것들이었거든요. 그인 그 당시에 할 수만 있다면 책을 써야겠다나 어쨌다나, 그런 한심한 생각에 사로잡혀 있었죠. 결국은 그 병도 제가 싹 고쳐 놓았지만.

아니, 힐다, 당신은 내 얘길 **들어야 해요.** 제가 얼마나 골치를 앓았는데, 재미있다니요! 로버트는 가끔 혼자 살금살금 도망쳐서 이른바 옛 친구들을 만나러 갈 생각을 했어요……. 난 혼자 내버려 두고! 하지만 그 친구들이 쓸모없는 인간들이란 걸 전 진작에 알아챘지요. 그래서 말했어요. '안 돼요, 로버트. 이제 당신 친구들은 곧 내 친구들이기도 해요. 아무리 내가 피곤하고 우리 사정이 어렵다 해도 **집에서** 당신 친구들을 대접하는 건 아내로서 제 의무랍니다.' 그런 말을 해 줬으면 그걸로 감지덕지하고 말 일이지, 진짜로 그 눈치 없는 친구들이 온 거 있죠. 그러니 작전을 좀 쓸 수밖에 없었지요. 재치 있는 여자라면 가끔 한두 마디씩 끼어들 줄도 알아야 하는 거 아니겠어요? 저는 로버트가 그 친구들을 좀 다른 배경에 놓고 보길 원했지요. 그 친구들은 어쩐지 우리 집 거실이 편치 않은 모양이더군요. 기분이 썩 좋아 보이지 않더라고요. 그래서 가끔씩 제가 웃어 주어야 했어요. 물론 로버트는 내내 심기가 불편한 것 같았어요. 하지만 다 그이를 위한 일이었다구요. 결국 첫 해가 끝날 무렵엔 그 친구들 중 한 명도 남지 않게 되었지요.

그 후에 그이는 새 직장을 구했어요. 비약적인 발전을 한 거지요. 그런데 어땠는지 아세요? 이제야말로 뻗어 나갈 만한 발판이 생겼다는 걸 깨닫기는커녕, '자, **이제** 됐지? 그러니 마음 편하게 좀 살자, 제발!' 이라는 말 한마디로 끝이었다니까요. 전 그 말을 듣고 그이한테 거의 질릴 뻔했어요. 그이를 완전히 포기할 뻔했다고요. 하지만 다행히 전 의무가 뭔지 아는 여자였지요. 전 항상 제

의무를 다했어요. 더 큰 집을 사는 일에 그이의 동의를 얻어 내고 새 집을 구하게 만들기까지 제가 얼마나 많은 일을 했는지 아마 믿지 못하실걸요. 그이가 정신을 똑바로 차리고 그 일을 하기만 했어도—그 일이 얼마나 **재미있는지** 알아차리기만 했어도—그렇게 한이 되지는 않았을 거예요. 그이가 좀 다른 종류의 남자였다면, 퇴근하는 남편을 문 앞에서 기다렸다가 '어서 오세요, 밥스. 오늘은 저녁 식사를 할 시간이 없어요. 와트포드 근처에 있는 어떤 집 얘기를 들었는데, 벌써 열쇠를 가져왔으니 지금 보러 가면 새벽 한 시까지는 돌아올 수 있어요'라고 말하는 게 얼마나 **재미있었겠어요?** 하지만 **이 남자는!** 그땐 정말 비참했어요, 힐다. 당신의 훌륭한 로버트는 이미 먹는 것 외에는 아무 데도 관심이 없는 인간으로 변해 있었다고요.

아무튼 전 그이를 새 집으로 이사하게 만들었어요. 그래요, 알아요. 당시 우리 형편으로는 분수에 조금 넘치는 집이었지요. 하지만 그이 앞에 얼마나 많은 기회가 열리고 있었는데요! 물론 저도 그때부터는 제대로 된 손님 대접을 하기 시작했어요. 예전 친구들 같은 부류는 사양했지요. 그게 다 그이를 위한 일이었어요. 그이가 쓸모 있는 사람들을 사귀게 된 건 순전히 제 덕분이라고요. 당연히 저도 옷을 좀 차려입을 필요가 생겼지요. 그 무렵이야말로 우리 두 사람 평생에 가장 행복한 때였을 거예요. 혹시라도 그이가 행복하지 못했다면, 그건 순전히 자기 잘못이에요. 오, 그이는 사람을 미치게 만드는 남자였어요. 한마디로 사람을 미치게 만들었다고요! 늙고 말없고 퉁명스러운 인간이 되기로 아예 작정을 한 것 같았지요. 자기 속으로만 움츠러들기로 작정한 것 같았다고요. 조금만 노력해도 몇 년은 더 젊어 보였을 텐데. 굳이 구부정하게 걸을 필요가 뭐가 있어요? 제가 얼마나 잔소리를 했는데요. 그이는 손님 접대에 지지리도 소질이 없었어요. 그러니 파티를 열 때마다 제가 모든 일을 도맡아야 했지요. 로버트는 어딜 가나 분위기에 찬물을 끼얹는 위인이었답니다. 그이한테도 말했지만(전 일단 말을 했다 하면 수백 번은 해야 하는 사람이거든요), 옛날엔 그렇지 않았어요. 다방면에 관심을 가지고 있었고, 언제라도 친구를 사귈 마음의 자세가 되어 있었지요. 전 '도대체 당신 어떻게 되어 가는 거예요?' 라고 잔소리를 하곤 했죠. 하지만 그때부턴 아예 대답조차 하지 않았어요. 그인 자리에 앉아 특유의 커다란 눈으로 (저는 눈동자가 까만 남자를 끔찍하게 싫어하게 되었어요) 빤히 쳐다보면서 절 증오하기만—이젠 저도 그걸 알아요—했지요. 그게 제가 받은 보상이라고요. 자길 위해 최선을 다한 나한테 더없이 악하고 몰상식한 증오만 주다니, 그것도 자기는 꿈도 꾸지 못했던 부자가 된 그 순간에! 전부터 난 '로버트, 아무 노력도 하지 않고 초라하게 늙을 셈이에요?' 라고 말하곤 했지요. 집에 찾아오던 좀더 젊은 남자들은—그네들은 늙은 곰 같은 남편보다 절 더 좋아했지만, 그게 제 잘못은 아니죠—그이를 비웃곤 했어요.

전 마지막까지 의무를 다했어요. **강제로** 운동도 시켰지요. 훌륭한 덴마크 종 개를 키운 것도 그이의 운동을 위해서였다고요. 파티도 계속 열었어요. 그리고 그이를 데리고 세상에서 가장 멋진 휴가를 떠났지요. 술을 너무 마시지 않도록 감시도 했고요. 상황이 심각해졌을 때는 다시 글을 써 보는 게 어떻겠느냐는 제안까지 했다니까요. 그때야 글을 써도 해로울 게 없었으니까. 그이는 결국 **신경쇠약에 걸리고 말았지만**, 제가 그걸 무슨 수로 막을 수 있었겠어요? 제 양심은 깨끗하답니다. 전 여자로서 그이에게 해야 할 의무를 다했어요. 이제 제가 왜 그이를 만나지 않으려는지 아시겠…….

하지만……, 저도 모르겠네요. 마음이 바뀌었어요. 그들에게 공평한 제안을 하면 어떨지. 힐다, 그이를 한 번만 만나고 다시 만날 수 없다면 **아예** 안 만날래요. 하지만 저한테 일임해 준다면 다시 한 번 그이를 떠맡겠어요. 제 짐을 기꺼이 다시 지겠다고요. 하지만 저한테 완전히 일임해 주셔야 해요. 이곳에는 시간이 한없이 많이 있으니까, 그이를 뭔가 대단한 사람으로 만들 수 있을지도 몰라요. 둘이 어디 조용한 데로 가서 말이에요. 정말 훌륭한 계획 아니에요? 그이는 제 힘으로 설 만한 위인이 아니랍니다. 저한테 그이를 맡겨 주세요. 그이는 엄하게 다룰 필요가 있어요. 당신보다는 제가 그 사람을 더 잘 안다고요. 그게 무슨 말이에요? 안 돼요, 그이를 나한테 줘요. 내 말 듣고 있어요? 그이 생각은 묻지 말아요. 그냥 그이를 나한테 줘요. 내가 그 사람 아내잖아요, 안 그래요? 그건 다 시작에 불과했단 말이에요. 아직도 그이를 데리고 할 수 있는 일이 아주, 아주, 아주 많이 있다고요. 아뇨, 들어 봐요, 힐다, 제발, 제발! 저는 너무나 비참해요. 누군가를 데리고 할 일이 있어야 한단 말이에요. 저 아래는 한마디로 끔찍해요. 아무도 제 생각을 해 주지 않아요. 저는 그 사람들을 바꿀 수가 없어요. 주위에 사람들은 많이 널려 있는데, 그 사람들을 데리고 할 일이 아무것도 없다는 건 너무 끔찍한 일이에요. 그이를 내게 돌려줘요. 어째서 그이가 자기 뜻대로 해야 한다는 거죠? 그건 그이에게 좋은 일이 아니에요. 옳지 않아요. 불공평해요. 전 로버트가 필요해요. 당신이 무슨 권리로 그이를 나한테서 떼어놓겠다는 거예요? 당신이 미워요. 그이를 못 가지게 하면, 어떻게 내가 그이한테 복수를 하겠느냐고요?"

유령은 꺼져 가는 촛불의 불꽃처럼 확 타오르더니, 갑자기 꺼져 버렸다. 시큼하고 메마른 냄새만 공기 중에 감돌았을 뿐, 유령은 더 이상 보이지 않았다.

11

내가 목격한 만남 중에 가장 가슴이 아팠던 것은 어느 여자 유령과 그 오빠였음이 분명한 빛나는 영의 만남이었다. 그들은 아마도 우리 눈에 띄기 직전에 만난 듯했다. 여자 유령이 실망감을 감추지 못하는 말투로 이렇게 말했기 때문이다.

"오…… 레지널드 오빠! 오빠 **맞지요?**"

"그래, 얘야,"

영이 말했다.

"네가 다른 사람을 기대하고 있었다는 건 안다. 그래도…… 날 만났다는 걸 조금은 반가워해 줄 수 없겠니? 지금 이 순간만이라도."

"전 마이클이 올 줄 알았어요."

유령이 말했다. 그러더니 거의 사납게 들리는 말투로 덧붙였다.

"물론 그 애도 **여기** 있겠지요?"

"그 애는 저기— 저 산맥 위 높은 곳에 있단다."

"그런데 왜 날 마중 나오지 않았지요? 내가 온다는 걸 몰랐나요?"

"애야, 그건 안 되는 일이란다(하지만 걱정 마라. 머지않아 다 괜찮아질 거야). 아직은 안 돼. 지금 상태로는 그 애가 널 볼 수도 없고 네 목소리를 들을 수도 없단다. 넌 마이클 눈에 전혀 보이지 않아. 하지만 우리가 곧 너를 단단히 세워 줄게."

"오빠가 절 볼 수 있다면 제 자식도 절 볼 수 있을 거예요!"

"상황이 항상 그렇게 돌아가는 건 아니란다. 난 이런 일을 전문으로 해 왔거든."

"흥, 이런 게 일이란 말이죠?"

유령이 날카롭게 말을 끊었다. 그러더니 잠깐 입을 다물고 있다가 이렇게 말했다.

"좋아요. 그럼 언제 그 애를 볼 수 있다는 허락이 **떨어질까요?**"

"허가받고 말고의 문제가 아니야, 팸. 그 애가 널 볼 수 있게 되기만 하면 당장 달려올 거다. 그러려면 네 몸에 살을 좀더 붙여야 해."

"어떻게요?"

유령이 말했다. 그 단음절은 딱딱했고, 어쩐지 위협적으로 들렸다.

"유감이지만 첫발을 내딛기가 좀 힘들단다."

영이 말했다.

"하지만 일단 발을 내딛고 나면 불붙은 집처럼 활활 타오르게 될 거야. 마이클 외에도 '다른 분'을 원하는 법을 배우게 되면 마이클 눈에 보일 수 있을 정도로 단단해질 거다. 처음이니까 '마이클보다 더'라고는 말하지 않겠다. 그건 나중 단계니까. 하나님을 향한 아주 작은 갈망의 씨앗만 있으면 이 과정을 시작할 수 있단다."

"오, 그러니까 종교나 뭐 그런 걸 가지란 말인가요? 지금은 그럴 때가…… 게다가 다른 사람도 아닌 **오빠가** 그런 말을 하다니. 알았어요, 전 걱정 마세요. 하라는 건 뭐든지 할 테니까. 자, 제가 뭘 하면 되죠? 어서 말해 보세요. 빨리 시작해야 아들도 빨리 만날 수 있을 거 아니에요? 전 준비됐어요."

"하지만 팸, 생각 좀 해 보렴! 그런 마음가짐으로는 이 과정을 시작할 수 없다는 걸 모르겠니? 너는 하나님을 단지 마이클을 만나기 위한 수단으로만 취급하고 있어. 몸에 살을 붙이는 치료를 받으려면 오직 하나님만 원하는 법을 배워야 해."

"오빠도 애 엄마라면 그런 말 못할걸요."

"네 말은 내가 '**단지** 애 엄마이기만 하다면'이라는 뜻이겠지. 하지만 단지 애 엄마만 될 수는 없단다. 너는 애 엄마이기 이전에 하나님의 피조물이야. 창조되었기 때문에 애 엄마도 될 수 있었지. 하나님과 너의 관계는 너와 자식의 관계보다 더 오래된 것이고 더 친밀한 것이란다. 아니, 내 말을 들어 봐, 팸! 그분도 사랑하셔. 그분도 고생하셨단다. 그분도 오래 기다리셨지."

"하나님이 절 사랑한다면 아들을 만나게 해 주실 거예요. 절 사랑하는데 왜 마이클을 빼앗아 가신 거죠? 그 얘기는 하지 않으려 했는데. 하지만 용서하기가 힘들군요."

"하지만 하나님은 마이클을 데려가셔야만 했어. 우선 마이클을 위해⋯⋯."

"전 마이클을 행복하게 해 주려고 최선을 다했어요. 평생을 다 바쳐서⋯⋯."

"인간들끼리는 서로를 오랫동안 진정으로 행복하게 해 줄 수가 없어. 마이클을 데려가신 건 널 위한 일이기도 했단다. 자식에 대한 본능적 사랑에 불과한 네 애정을(**그런 건** 어미 호랑이들한테도 있잖니!) 더 나은 감정으로 변화시키려 하셨던 거지. 하나님이 알고 계시는 사랑으로 너도 마이클을 사랑하길 원하셨던 거야. 하나님을 사랑하기 전에는 동료 피조물들을 사랑할 수 없단다. 본능적인 사랑이 충족되고 있는 동안에도 이런 대화를 나눌 수 있는 경우가 가끔 있긴 하지. 하지만 너의 경우에는 그럴 가능성이 전혀 없었단다. 맹렬하고도 편집광적인 본능이 전혀 통제되지 않았으니까 (네 딸이나 남편에게 물어보렴. 우리 어머니께 여쭤 봐도 좋고. 넌 **어머니**

조차 한 번도 생각한 적이 없었잖니). 그러니 유일한 치료법은 네 사랑의 대상을 가져가시는 것뿐이었지. 넌 수술이 필요한 경우였다. 첫 번째 종류의 사랑이 좌절되었을 때, 외로움과 침묵 속에서 다른 감정이 자라날 기회가 생기는 법이거든."

"말도 안 돼, 그런 잔인하고도 사악한 일이 어디 있어요? 오빠가 무슨 권리로 모성애에 대해 왈가왈부하는 거예요? 모성애는 인간 본성에 자리잡고 있는 가장 고귀하고도 거룩한 감정이라고요."

"팸, 팸! 타고난 감정은 그 자체로서 고귀하거나 저급하다고 말할 수도 없고 거룩하거나 속되다고 말할 수도 없단다. 하나님이 고삐를 잡고 계실 때 모든 감정은 거룩하지. 그러나 감정에 고삐가 풀려서 그 자체가 우상이 되어 버리면 예외 없이 부패해 버린단다."

"마이클을 향한 내 사랑이 부패했을 리가 없어요. 수백만 년을 함께 살았다 해도 마찬가지였을 거예요."

"그건 네가 잘못 생각하고 있는 거야. 그리고 너도 이미 분명히 알고 있잖아. 저 아래, 지옥에서 아들들을 데리고 사는 어머니들을 보지 않았니? 과연 **어머니들의** 사랑이 자식들을 행복하게 해 주던?"

"거스리 네 여편네와 끔찍한 아들 보비를 말하는 거라면, 물론 그렇지 않죠. 오빠 설마……. 마이클만 있다면 그런 도시에서 살아도 완벽하게 행복할 거예요. 전 위니프레드 거스리가 **제 새끼**

애길 떠들듯이 자식 얘기를 떠들어서, 사람들이 그 아들 이름만 나와도 진저리를 치게 하지는 않을 거라구요. 그 애를 눈여겨봐 주지 않는다고 사람들과 싸우지도 않을 거고, 눈여겨봐 준다고 맹렬하게 질투하지도 않을 거예요. 그 애가 나한테 잘해 주지 않는다고 우는소리를 하면서 불평하지도 않을 거구요. 그 애는 당연히 나한테 잘해 줄 테니까. 오빠, 설마 마이클이 거스리 네 아들처럼 되었을지도 모른다는 말을 하려던 건 아니지요? 저도 참을 말이 있고 못 참을 말이 있어요."

"거스리 모자는 자연스러운 애정이 변화되지 못할 때 결국 어떤 결과를 낳는가를 보여 주고 있지."

"거짓말이에요, 사악하고 잔인한 거짓말! 어떻게 저보다 더 아들을 사랑하는 사람이 있을 수 있나요? 그 긴 세월을 오로지 그 애만 추모하며 살았는데."

"그건 잘한 일이 아니라 오히려 잘못한 일이야, 팸. 너도 마음속 깊은 곳에서는 알고 있잖니?"

"뭐가 잘못이라는 거죠?"

"10년 동안 애도의 의식을 치른 것 말이다. 그 애 방도 전과 똑같이 꾸며 두고, 생일도 지키고, 딕과 뮤리엘이 불행해하는데도 그 집을 떠나지 않았지."

"그 두 사람은 신경도 쓰지 않았다구요. 난 알아요. 두 사람이 저처럼 진정으로 마이클의 죽음을 슬퍼하길 바랄 순 없다는 걸 금방 깨달았지요."

"네가 틀렸어. 딕보다 더 아들의 죽음을 슬퍼한 사람은 아마 없을 거다. 뮤리엘보다 더 동생을 사랑한 누나도 없을 거고. 두 사람은 마이클에게 반기를 든 게 아니다. 너한테 든 거지. 과거의 폭압에 평생 지배당하지 않으려고 반기를 든 거야. 그들을 짓누른 건 사실 마이클의 과거가 아니라 네 과거였어."

"무정하군요. 다들 무정해요. 내가 가진 거라곤 과거뿐이었다구요."

"네가 갖기로 선택한 것이 그것뿐이었지. 넌 잘못된 방법으로 슬픔에 대처했어. 이집트 사람들처럼 시체를 미라로 만들어 고이 보존했지."

"오, 물론 그렇겠지요. 당연히 내가 잘못했겠지요. 오빠 눈에는 내가 하는 말, 내가 하는 행동이 다 잘못되어 보이잖아요."

"그래, 맞아!"

보고 있는 내 눈이 다 부실 정도로 사랑과 환희로 환한 빛을 내뿜으며 영이 말했다.

"우리가 이 나라에 처음 와서 발견하는 게 바로 그거란다. 우리는 모두 잘못했다는 거! 이건 정말 우스울 만큼 쉬운 과정이야. 여기서는 옳은 척하면서 살 필요가 없단다! 그걸 인정하고 나면 새 삶이 시작되지."

"어떻게 그런 얘길 하면서 웃을 수 있죠? 내 아들을 내놔요. 안

125

들려요? 여기 법칙이나 규칙 따윈 관심도 없어요. 엄마와 아들을 갈라놓는 하나님 같은 건 믿지 않는다구요. 내가 믿는 건 사랑의 하나님이에요. 나와 내 아들을 떼 놓을 권리를 가진 존재는 하나도 없어요. 하나님이라고 해도 안 돼요. 그 코앞에 가서 전해 주세요. 난 아들을 원하니까 꼭 찾고야 말 거라고. 그 애는 내 거예요, 알겠어요? 내 거라구요, 내 거! 영원히, 영원히 내 거예요!"

"그래, 그 애는 네 것이 될 거야, 팸. 세상 만물이 다 네 것이 될 거다. 하나님도 네 것이 될 거고. 하지만 그런 식으로는 안 돼. 처음부터 자연적으로 네 것이었던 건 하나도 없단다."

"뭐라고요? 내 몸으로 낳은 내 자식두요?"

"하지만 자식을 낳은 네 몸은 지금 어디 있지? '자연'에는 끝이 있다는 걸 몰랐니? 저기 봐! 산맥 위로 해가 뜨려 하고 있어. 금방 뜰 거다."

"마이클은 내 거예요."

"어떻게 마이클이 네 거지? 네가 그 애를 만든 것도 아닌데. 네 뜻과 상관없이 자연이 네 몸 속에 만들어서 자라게 해 주지 않았니? 사실은 네 뜻과 반대였지……. 넌 그 당시에 아기를 가질 생각이 전혀 없었다는 걸 가끔 잊더구나. 원래 마이클은 '사고'로 생긴 애잖니."

"누가 그런 소리를 해요?"

유령이 발끈했다. 그러더니 정신을 가다듬고 이렇게 말했다.

"그건 거짓말이에요. 사실이 아니라구요. 그리고 어차피 오빠가 무슨 상관이에요? 오빠의 종교도 싫고 오빠의 하나님도 경멸해요. 난 사랑의 하나님만 믿는다구요."

"하지만 팸, 지금 이 순간 넌 친어머니도, 오빠인 나도 전혀 사랑하지 않잖니."

"오, 알았어요! **그게** 문제였군요, 안 그래요? **그거였어요**, 레지널드! 오빠가 마음이 상한 이유는……."

"주님은 널 사랑하신단다!"

영이 큰 소리로 웃음을 터뜨리며 말했다.

"그런 걱정은 안 해도 돼! 이 나라에서는 아무도 **마음 상할 수 없다는 걸** 모르니?"

유령은 한순간 아무 말 없이 입을 벌리고 있었다. 내 생각에는 지금까지 했던 그 어떤 말보다 이 확신에 찬 한마디에 기가 꺾인 것 같았다.

"자, 이리 오게. 우리는 좀더 멀리 가야 하니까."

스승이 내 팔을 잡으며 말했다.

"왜 거기 좀더 있지 않았지요, 선생님?"

내 말소리가 그 불행한 유령의 귀에 들리지 않을 만큼 멀어졌을 때, 스승에게 물어보았다.

"저 대화는 좀더 길어질 수도 있거든."

스승이 말했다.

"그리고 그 정도 들었으면 자네도 선택이 뭔지 충분히 이해했을 테니까."

"그 유령에게 희망이 있을까요, 선생님?"

"그럼, 조금은 있지. 그 여자가 말하는 이른바 자식 사랑은 초라하고 과민하고 쓰라린 것으로 변해 버렸지. 하지만 그 속에는 단순한 이기심 이상의 무언가가 아주 작은 불씨로나마 남아 있다네. 그 불씨를 잘 키우면 활활 타는 불꽃이 될 수도 있지."

"그렇다면 자연스러운 감정들 중에 실제로 다른 것들보다 나은 것들이 있다는 말씀인가요? 그러니까 제 말은, 그 감정들이 진짜 목적지에 다가가는 데 좀더 나은 출발점이 되어 줄 수 있느냐는 겁니다."

"더 나은 출발점이 **될 수도 있**고 더 못한 출발점이 **될 수도 있지**. 자연스러운 애정 속에는 자연스러운 욕구보다 훨씬 더 쉽게 사람을 영원한 사랑의 길로 인도할 만한 뭔가가 들어 있다네. 하지만 자연스러운 수준에 머물러 있으면서도 마치 천국의 수준에 이른 양 착각하게 되기도 훨씬 더 쉽지. 진흙보다는 구리를 순금으로 착각하기가 더 쉽지 않은가. 그러나 그런 감정이 끝내 변화되지 않으면 저급한 열정이 부패할 때보다 더 심하게 부패해 버린다네. 마귀도 강한 천사였기 때문에 타락했을 때 더 무서운 악마가 된 것일세."

"그 말씀을 지상에 가서 감히 그대로 반복할 수 있을지 모르겠습니다, 선생님."

내가 말했다.

"아마 저더러 비인간적이라고 할걸요. '전적 타락'의 교리를 믿는다고 하겠지요. 인간이 가진 가장 좋은 것들과 가장 거룩한 것들을 공격한다고 할 겁니다. 아마 저를……."

"그런다 한들 자네한테는 아무 해도 되지 않을 걸세."

그는 눈을 반짝거리며(나는 정말 반짝거린다고 생각했다) 말했다.

"하지만 어떻게 감히—어떻게 그리도 뻔뻔스럽게—자식을 잃고 비탄에 빠진 어머니를 찾아가 그런 말을 할 수가 있겠습니까……."

"아니, 아니, 이보게, 그건 자네가 할 일이 아니야. 자네는 아직 그런 일을 할 만한 재목이 못 된다네. 자네 가슴이 먼저 무너져 봐야 그런 말을 할 꿈이라도 꿀 수 있지. 그래도 인간들 사이에서 최근 몇 년 동안 거론되지 않았던 이런 이야기를 일반적인 차원에서 꺼낼 사람은 틀림없이 있어야 해. 인간들이 이해하는 사랑으로는 충분치 않다네. 자연스러운 사랑은 이 나라에서 다시 살아나 영생을 얻게 될 걸세. 그러나 무엇이든지 먼저 죽어서 묻히지 않으면 다시 살아날 수 없는 법이야."

"그건 우리 같은 사람들이 이해하기 어려운 말씀입니다."

"아, 그렇다고 해서 그걸 말하지 않는 건 잔인한 짓이라네. 이젠 그걸 알고 있는 사람들도 두려워서 말하길 꺼리게 되었지. 그래서 전에는 정화淨化의 힘을 가졌던 슬픔이 이젠 상처를 더 곪게 만드는 게야."

"그렇다면 존 키츠가 틀렸군요. 그는 가슴에서 우러나온 애정은 거룩하다고 확신했으니 말입니다."

"그가 자기 말의 의미를 분명히 알고 있었나 모르겠군. 하지만 자네와 나는 분명히 알아야겠지. 선善은 오직 하나, 하나님뿐이라네. 그 밖의 모든 것은 하나님을 바라보고 있을 때는 선하고, 등을 돌리고 있을 때는 악한 게야. 그리고 자연 질서에서 높고 힘있는 것일수록, 반역하면 더 악마적인 것이 된다네. 나쁜 생쥐나 나쁜 벼룩이 악마가 되는 게 아닐세. 나쁜 천사장이 악마가 되는 게지. 정욕을 숭배하는 가짜 종교는 모성애나 애국심이나 예술을 숭배하는 가짜 종교보다 저급한 거라네. 그러나 정욕이 종교가 될 가능성은, 모성애나 애국심이나 예술이 종교가 될 가능성보다 적은 법이야. 그건 그렇고 저걸 보게!"

어깨에 뭔가를 얹고 있는 유령이 우리 쪽으로 다가오는 모습이 보였다. 실체가 없다는 점에서는 다른 유령들과 다를 바가 없었지만, 연기의 모양이 제각각이듯이 유령들의 모습도 제각각이었다. 어떤 유령들은 희끄무레했다. 그러나 이 유령은 색이 짙었고 기름기가 번질거렸다. 어깨에 얹혀 있는 건 자그마한 붉은 도마뱀이었는데, 꼬리를 채찍처럼 흔들며 유령의 귀에 뭔가 속삭이고 있었다. 처음 보았을 때 그는 조급하게 그 파충류에게 호통을 치고 있었다.

"닥치지 못해!"

그가 말했다. 도마뱀이 계속 꼬리를 흔들면서 뭔가를 속삭였다. 유령은 더 이상 호통을 치지 않았고 금세 미소까지 띠기 시작했다. 그러더니 발길을 돌려 산맥 반대편인 서쪽으로 절뚝거리며 걸어갔다.

"그렇게 금방 가십니까?"

어떤 목소리가 말했다. 그 목소리의 주인공은 어느 정도 인간의 형체를 하고 있었지만, 너무 찬란하게 빛이 나서 제대로 쳐다볼 수가 없었다. 지독하게 더운 여름날 아침의 태양처럼, 그의 존재 자체가 내 눈뿐 아니라 몸도 강타하고 있었다(그의 몸은 빛만 내는 게 아니라 열기도 내뿜었다).

"네, 가야겠습니다."

유령이 말했다.

"후한 대접 감사드립니다. 하지만 아무래도 안 되겠군요. 이 꼬마 녀석한테(유령은 도마뱀을 가리켰다) 여기 오려면 입을 닥쳐야 한다고 미리 말을 해 뒀는데. 하도 같이 오겠다고 고집을 부리는 통에 어쩔 수가 없었지요. 물론 이 녀석의 허튼 소리가 여기서는 통하지 않는다는 걸 저도 압니다. 하지만 도무지 입을 닥치지 않으니 그냥 집으로 돌아갈 수밖에 없네요."

"제가 조용히 만들어 드릴까요?"

불꽃처럼 타오르는 영, 아니 천사—이제 보니 천사였다—가 말했다.

"그럼 고맙지요."

유령이 말했다.

"그러려면 죽여야 합니다."

천사가 한 발짝 앞으로 나서며 말했다.

"오, 오, 잠깐만! 내가 먼저 타 버리겠어요. 가까이 오지 마세요."

유령이 뒤로 물러나며 말했다.

"도마뱀을 죽이고 **싶지** 않은가요?"

"**죽인다는** 얘기는 처음에 안 했잖습니까? 그런 과격한 일로 번거롭게 해 드릴 생각은 없었어요."

"방법은 그것뿐입니다."

천사가 말하면서, 타오르는 손을 도마뱀에게 거의 닿을 듯 내뻗었다.

"죽일까요?"

"글쎄요, 그건 좀더 생각해 봐야 할 문제네요. 그 문제를 고려해 볼 마음은 충분히 있지만, 그렇다고 그게 그렇게 새로운 발상도 아니잖습니까? 그러니까 제 말은, 저도 이놈을 조용히 만드는 일에 대해 생각은 좀 해 본 적이 있다는 겁니다. 왜냐하면 여기에서…… 글쎄요, 정말 이러기도 저러기도 힘든 문제군요."

"죽여도 됩니까?"

"글쎄, 시간을 두고 토론해 봐도 될 것 같은데."

"그럴 시간이 없습니다. 죽여도 될까요?"

"저, 그런 폐를 끼칠 생각은 추호도 없었습니다. 제 걱정일랑 조금도 하지 마세요. 진심입니다. 이것 보세요! 자기가 알아서 잠들어 버렸네요. 이제 확실히 괜찮을 겁니다. 어쨌든 정말 감사합니다."

"죽여도 될까요?"

"솔직히 말해서, 그럴 필요는 전혀 없다고 생각해요. 이젠 제가 통제할 수 있으리라 확신합니다. 죽이는 것보다는 점차 길들이는 게 훨씬 나은 방법일 것 같아요."

"점차 길들이는 건 전혀 효과 없는 방법입니다."

"왜 그렇게 생각합니까? 어쨌든 당신 말도 주의 깊게 생각해 보도록 하지요. 정말 그렇게 한다니까요. 지금 죽이라고 할 수도 있지만, 사실 오늘 제 상태가 아주 안 좋아요. **이럴 때** 죽이는 건 아주 어리석은 짓이지요. 그런 일을 하려면 몸 상태가 좋아야 해요. 아무래도 다른 날 하는 게 좋겠습니다."

"다른 날이라는 건 없습니다. 모든 날은 바로 지금 이 순간을 가리킵니다."

"저리 물러서요! 내가 다 타 버리겠네. 이러니 어떻게 이놈을 죽이라고 할 수 있겠습니까? 그러다가 **나까지** 죽을 판인데."

"그렇지 않아요."

"뭐가 그렇지 않다는 겁니까? 지금도 나한테 고통을 주고 있으면서."

"고통이 없다고는 말하지 않았습니다. 죽지 않을 거라고 했지요."

"오, 알았어요. 날 겁쟁이로 생각하는 거로군요. 하지만 그건 아닙니다. 아니고말고요. 이보세요! 오늘 밤 출발하는 버스로 집에 돌아가서 주치의의 진찰을 받게 해 주십시오. 최대한 빨리 다시 오겠습니다."

"지금 이때가 곧 모든 때라니까요."

"왜 이렇게 괴롭히는 겁니까? 당신은 날 조롱하고 있지만, 도마뱀을 죽이다가 나까지 산산이 찢겨 죽을 판에 어떻게 당신 맘대로 하라고 **허락할 수가** 있겠냐구요. 정말 날 돕고 싶었다면 내 허락 없이, 내가 알아차리기 전에 이 빌어먹을 것을 죽여 버렸어야 하는 것 아닙니까? 그랬더라면 지금쯤은 모든 게 끝났을 텐데."

"당신이 원하지 않는데 내 맘대로 도마뱀을 죽일 수는 없습니다. 그건 불가능해요. 그럼 이제 허락한 겁니까?"

천사의 손이 도마뱀에게 거의 닿을 듯 가까워졌지만, 아직까지 붙잡은 것은 아니었다. 그때 도마뱀이 어찌나 시끄럽게 떠들던지 내 귀까지 그 소리가 들릴 정도였다.

"조심해!"

도마뱀이 말했다.

"저 치는 진짜 자기 말대로 할 위인이야. 진짜로 날 죽일 수 있다고. 네 입에서 치명적인 말 한마디만 나오면 날 **죽여 버릴 거야!** 그럼 넌 영영, 영영 나 없이 살게 돼. 그건 자연스러운 일이 아니야. 나 없이 어떻게 살려고? 지금처럼 진짜 인간이 아닌 유령으로 살아갈 거면서. 저 치는 이해를 못한다고. 피도 눈물도 없이 냉혹하기만 한 추상적 존재니까. 저 치는 이런 생활이 자연스러울지 몰라도 우리는 그렇지가 않아. 그래, 그래. 이제 진짜 쾌락은 누릴 수가 없고 오직 꿈만 꾸는 걸로 만족해야 한다는 걸 나도 알아. 하지만 아무것도 없는 것보단 낫잖아? 내가 아주 착하게 굴게. 과거에 가끔씩 심한 짓을 했다는 건 인정해. 하지만 이제 다시는 그러지 않겠다고 약속할게. 정말 멋있는 꿈만 줄게. 온통 달콤하고 신선하고 거의 순결하다고까지 말할 수 있는 꿈―. 그래, 정말 순결한……."

"그럼 허락한 겁니까?"

천사가 유령에게 물었다.

"도마뱀이 절 죽일 겁니다."

"그렇지 않습니다. 하지만 만약 그런다면 어쩌시렵니까?"

"맞아요. 이런 놈을 달고 사느니 차라리 죽는 게 나을 겁니다."

"그럼 해도 됩니까?"

"제기랄, 망할! 마음대로 해요! 어서요! 해치워 버리라고요. 맘
대로 해요."

유령이 소리를 질렀다. 그러더니 결국은 겁먹은 듯 훌쩍거렸다.

"하나님, 도와주세요. 하나님, 도와주세요."

그 다음 순간 유령은 내가 지상에서 한 번도 들어 보지 못한 고
통의 비명 소리를 내질렀다. 불타는 천사가 그 진홍빛 손으로 파
충류를 꽉 쥐더니, 몸을 뒤틀며 물어뜯는 놈을 비튼 다음 등이 부
러진 시체를 잔디 위로 던져 버렸다.

"아, 저를 위해 해 주었군요!"

유령이 뒤로 물러서면서 헐떡거리며 말했다.

잠시 동안 나는 눈앞에서 무슨 일이 일어나고 있는지 알 수가
없었다. 다음 순간, 가장 가까이 있던 덤불과 내가 있는 곳 사이에
서 견고한 사람의 팔 윗부분과 어깨임이 분명한 형체가 나타나더
니 순간 순간 점점 더 견고해졌다. 그 형체가 계속 밝아지고 강력
해지면서 다리와 손도 나타났다. 내가 지켜보고 있는 동안 목과
황금빛 머리도 모습을 갖추었다.

잠깐 한눈만 팔지 않았으면, 인간이 완성되는 과정을 다 볼 수
있었을 것이다. 그 벌거벗은 남자는 천사와 비교해도 작지 않을
만큼 몸집이 컸다. 내가 잠깐 한눈을 판 것은 바로 그 순간 도마뱀
에게도 무슨 변화가 일어나는 듯했기 때문이다. 처음에는 도마뱀
을 제거하는 수술이 실패한 줄 알았다. 그 생물은 죽기는커녕 여

전히 사투를 벌이고 있었고, 심지어 점점 커지고 있었기 때문이다. 그렇게 커지면서 모양도 달라졌다. 꽁무니 부분이 둥글어졌고, 여전히 반짝거리는 꼬리가 크고 윤기 흐르는 궁둥이 사이에서 흔들거리는 털 달린 꼬리로 변했다. 나는 펄쩍 뒤로 물러나며 두 눈을 비볐다. 내 앞에 서 있는 것은 한 번도 본 적이 없을 만큼 거대한 종마였다. 몸은 은백색으로 빛나고 있었지만, 꼬리와 갈기는 황금빛이었다. 매끈하고 빛이 나며 살과 근육이 물결처럼 굽이치는 그 말은 발굽을 땅에 쿵쿵 구르고 있었다. 그렇게 땅을 구를 때마다 지축이 흔들리고 나무들이 휘청거렸다.

새로 태어난 인간이 뒤를 돌아 새 말의 목을 툭툭 쳐 주었다. 말은 쿵쿵거리며 빛나는 제 몸의 냄새를 맡았다. 말과 주인은 서로의 콧구멍 속에 숨을 불어넣어 주었다. 남자가 말에게 등을 돌리더니, 불타는 천사Burning One의 발 밑에 몸을 던지며 두 발을 끌어안았다. 다시 일어서는 그의 얼굴이 눈물로 얼룩져 있었다. 어쩌면 눈물을 흘린 것이 아니라, 단지 액체로 된 사랑과 밝음을 흘려 내보낸 것인지도(이 나라에서는 두 가지를 분간하기가 힘들다) 모르겠다.

하지만 오랫동안 그런 생각에 빠져 있을 수는 없었다. 젊은이가 기쁘게 서두르며 말의 등에 훌쩍 올라탔기 때문이다. 그는 안장에 앉아서 손을 흔들어 작별인사를 하더니 발꿈치로 말의 옆구리를 툭 찼다. 내가 미처 상황을 파악하기도 전에 그들은 사라져 버렸다. 아니 말을 몰고 갔다고 해도 좋겠다!

나는 최대한 빨리 숨어 있던 덤불에서 뛰쳐나와 떠나는 그들의 모습을 눈으로 좇았다. 하지만 그들은 별똥별처럼 푸른 들판 너머로 멀어져 있었고, 어느새 산기슭으로 사라져 버렸다. 그러더니 별처럼 다시 솟구쳐 사람이 오를 수 없을 것 같은 가파른 절벽을 굽이굽이 오르는 모습이 보였는데, 그 속도가 순간순간 더 빨라졌다. 마침내 아스라이 보이는 산꼭대기에 닿았을 즈음—그 꼭대기가 어찌나 높은지 고개를 한참 젖히고 보아야 했다—그들의 모습은 아주 사라져 버렸다. 영원한 여명의 밝은 장밋빛 속으로 빛나는 자기들의 모습을 감추어 버린 것이다.

그들이 사라진 자리를 계속 쳐다보고 있다가, 문득 들판과 숲 전체가 우렁찬 소리로 흔들리고 있음을 알아챘다. 우리 인간 세계에서는 들을 수도 없을 정도로 큰 소리였지만, 거기에서는 그런 소리조차 기쁘게 수용할 수 있었다. 나는 노래를 부르고 있는 이가 견고한 영들이 아님을 알았다. 그것은 대지의 소리였고, 대지를 채우고 있는 숲과 물의 소리였다. 기이할 정도로 예스럽고 무생물적인 소리가 사방에서 동시에 울려 퍼졌다. 그 나라의 자연 내지는 대자연이 기뻐하고 있었다. 말이라는 존재의 발굽을 또 한 번 맛봄으로써 자신이 완성된 것을 자연은 이렇게 노래했다.

주께서 우리 주께 말씀하시네. "올라오라, 내 안식과 광채에 동참

하라. 원수 되었던 모든 자연 네 앞에서 춤추는 종이 되고, 네가 타고 달릴 말의 등이 되고, 네 든든한 발등상이 되기까지."

모든 시간과 공간 너머, 바로 '그곳'의 권세가 당신 것이 되리이다. 한때 당신 뜻을 거슬렀던 힘들이 당신의 핏속에서 순한 불길로 타오르며, 당신의 음성 속에서 천국의 천둥소리를 내리이다.

우리를 정복하소서. 당신께 정복될 때 우리는 비로소 우리다워지나이다. 여명의 이슬, 동틀녘의 촉촉함을 갈망하듯이, 당신의 통치가 시작되기를 갈망하나이다.

주여, 당신의 주께서 당신을 영원히 주로 세우셨으니 우리 의義의 왕이 되고 우리 대제사장 되소서.

"이 모든 일을 이해하겠는가?"

스승이 말했다.

"다 이해하지는 못하겠습니다. 제가 보기엔 도마뱀이 말로 변한 것 같은데, 맞습니까?"

"그래. 하지만 그 전에 먼저 죽임을 당했지. 그 점을 잊지는 않겠지?"

"잊지 않도록 노력하겠습니다. 하지만 그건 우리 안에 있는 모든 것—그야말로 모든 것—이 저 산맥에 갈 수 있다는 뜻인가요?"

"아무리 좋고 숭고한 것이라도 지금 모습 그대로는 절대 갈 수 없다네. 또 아무리 저급하고 야만적인 것이라도 죽음을 받아들이

기만 하면 모두 다시 살아날 수가 있지. 육의 몸을 심으면 신령한 몸으로 다시 살게 되어 있네.[12] '살과 피'는 산에 갈 수 없어. 너무 천해서 못 가는 게 아니라 너무 약해서 못 가는 거라네. 종마와 비교할 때 도마뱀이 어떻게 보이는가? 정욕도 그 도마뱀처럼 초라하고 약하며 칭얼거리고 속살거리는 것에 불과하다네. 그러나 일단 죽고 나면 저렇게 풍요롭고 힘이 넘치는 갈망으로 새로 솟아나지."

"그렇다고 집에 돌아가서, 이 남자의 육욕보다 그 불쌍한 여인의 자식 사랑이 더 큰 장애물이라고 말해야 한단 말입니까? 어찌되었든지 간에 사랑이 지나치면 문제라고 하면서요?"

"그렇게 말하면 안 되지."

스승이 엄하게 대답했다.

"사랑이 지나치다고? 지나친 게 아니라 모자란 게야. 그 여자는 아들을 너무 많이 사랑한 게 아니라 너무 적게 사랑했네. 많이 사랑했다면 문제될 게 없지. 그 여자 일이 어떻게 될지는 모르겠네. 하지만 지금 이 순간만큼은 '자기 아들을 지옥으로 끌고 내려가려 한다'고 말해도 무방할 걸세. 그런 부류의 유령들은 어떤 식으로든 상대방을 소유할 수만 있다면, 이른바 사랑하는 자의 영혼을 언제라도 한없이 비참한 나락으로 떨어뜨릴 태세를 갖추고 있을

---

12) 고린도전서 15장 44절 참조.

때가 많다네. 아니, 아니. 자네가 얻어야 할 교훈은 따로 있어. 정욕에서 나온 몸이 자네가 본 말처럼 장엄하다면, 모성애나 우정에서 나오는 몸은 어떻겠는가?"

그러나 나는 또 다른 데 주의를 빼앗기고 말았다.

"강이 **또** 있나요, 선생님?"

내가 물었다.

12

내가 강이 또 있느냐고 물어본 데는 이유가 있었다. 회랑처럼 길게 뻗은 숲길 끄트머리에 우거져 있는 나뭇가지들 아래쪽에, 빛이 춤추는 듯 어른대기 시작했던 것이다. 그런데 지상에서는 흐르는 물에 빛이 반사되어 위쪽으로 비치는 경우를 제외하고는 이와 비슷한 현상을 본 적이 없었기에, 근처에 강이 있나 생각했던 것이다. 그러나 잠시 후 나는 실수를 깨달았다. 행렬 비슷한 것이 우리 쪽으로 다가오고 있었는데, 그 행렬을 이루고 있는 사람들의 몸에서 빛이 나오고 있었던 것이다.

사람의 영이 아닌 빛나는 영들이 맨 앞에 오면서 춤을 추며 꽃잎을 뿌렸다. 꽃잎들은 소리 없이 떨어지며 가볍게 공기 중을 떠다녔지만, 유령 세계였다면 한 장 한 장이 너무 육중한 나머지 돌처럼 바닥에 추락해 버렸을 것이다. 그 다음으로 숲길 양쪽, 좌우에서 젊은 형상들이 나타났는데, 한쪽에서는 소년들이 나타났고 다른 쪽에서는 소녀들이 나타났다. 그들이 부른 노래를 기억해서 악보로 옮겨 적을 수만 있다면, 아무리 들어도 질리거나 유행에 뒤지지 않는 곡으로 영원히 남을 것이다. 그들 사이로 악사들이 걸어나왔다. 그 뒤에 부인이 한 사람 있었는데, 그가 바로 이 영예의 주인공이었다.

그 부인이 옷을 벗고 있었는지 입고 있었는지는 기억이 나지 않는다. 만약 벗고 있었는데도 생각나지 않는 것이라면, 그가 남기고 간 공손함과 기쁨의 분위기가 꼭 눈에 보일 듯 선명했던 나머지, 마치 크고 빛나는 옷자락을 끌며 행복한 풀밭 위로 지나간 듯한 착각이 기억 속에 남은 탓이리라. 또 입고 있었는데도 생각나지 않는 것이라면, 가장 깊은 곳에 있는 그의 영혼이 입고 있는 옷을 뚫고 너무도 분명히 빛난 탓이리라. 그 나라에서 옷은 위장의 수단이 아니다. 실 한 오라기 한 오라기 사이에서 숨쉬고 있는 영의 몸 덕분에 천 전체가 살아 있는 유기체가 되어 버린다. 긴 옷이나 왕관은 눈이나 입술처럼 그것을 입거나 쓰고 있는 사람의 생김새라고 할 수 있는 것이다.

하지만 지금은 다 잊어버렸다. 견디기 힘들 정도로 아름답던 얼굴만 부분적으로 기억날 뿐이다.

"저 부인이 누구더라? …… 저 부인 이름이……?"

내가 안내자에게 속삭였다.

"아니, 자네는 전혀 모르는 사람일걸. 지상에서 쓰던 이름은 사라 스미스였고, 골더즈 그린에 살았지."

"저 부인은…… 글쎄요, 특별히 중요한 인물 같은데요."

"물론이지. 부인은 위대한 인물일세. 이 나라에서 명성 있는 것과 지상에서 명성 있는 것은 완전히 별개의 일이라는 말은 자네도 들어 본 적이 있겠지."

"그런데 저 거인 같은 사람들은 누구지요……. 보세요! 꼭 에메랄드 같아요……. 부인 앞에서 춤을 추며 꽃을 뿌리고 있는 저들은 누구지요?"

"자네는 밀턴도 안 읽어 봤나? '제복을 입은 천 명의 천사가 종이 되어 그녀를 섬기리라.'"

"그러면 양쪽에 서 있는 소년 소녀들은요?"

"저 부인이 낳은 아들 딸들이지."

"굉장한 대가족이었나 보군요, 선생님."

"부인과 한 번이라도 마주친 청년이나 소년은 다 아들이 되었다네. 뒷문으로 고기를 배달해 주었던 아이까지 말일세. 저 부인을 만난 소녀들도 전부 딸이 되었고."

"아이들의 진짜 부모한테는 좀 가혹한 일 아닙니까?"

"그렇지 않아. 물론 남의 아이를 훔치는 자들도 **있긴 하지**. 하지만 부인의 모성애는 종류가 달랐네. 그의 사랑을 받은 아이들은 자기를 낳아 준 부모에게 더 큰 사랑을 품고 돌아갔지. 또 부인을 바라본 남자 중에, 어떤 식으로든 부인을 사랑하지 않게 된 사람은 거의 없었네. 그러나 그 사랑 때문에 불륜에 빠지기는커녕 더욱더 아내에게 충실한 남편들이 되었지."

"하지만 어떻게…… 이것 보세요! 이 동물들은 다 뭐지요? 고양이가 한 마리, 두 마리, 여남은 마리 정도 되는데요. 그리고 이 개들……. 이거, 셀 수도 없네요. 새도 있어요. 말도 있구요."

"부인의 짐승들일세."

"동물원이라도 차렸었나요? 이건 좀 수가 많은데요."

"부인에게 다가간 짐승이나 새들은 전부 사랑을 얻었지. 짐승들은 부인 안에서 자기들의 본질을 되찾았다네. 그리고 이제 부인이 그리스도 안에서 하나님 아버지께 받은 풍성한 생명이 그들에게까지 흘러넘치고 있는 걸세."

나는 놀라움에 할 말을 잃고 스승을 쳐다보았다.

"맞아, 자네가 연못에 돌멩이를 던지면 물이 동심원을 그리며 점점 더 멀리 퍼져 나가는 것과 마찬가질세. 그 영향력이 어디까지 미칠지 누가 알겠는가? 갓 구원받은 인간은 아직 어려서 힘을 최대한 발휘할 수가 없네. 그러나 저 부인처럼 위대한 성인은 새끼손가락 하나에도 우주의 죽은 것들을 전부 살려 낼 수 있는 기쁨이 깃들여 있다네."

우리가 이야기를 나누는 동안에도 귀부인Lady은 우리 쪽으로

꾸준히 다가오고 있었지만, 시선은 우리를 향하고 있지 않았다. 그 시선이 가리키는 방향으로 고개를 돌려 보니, 기이한 형상의 허깨비 하나가 다가오는 모습이 보였다. 아니, 허깨비 둘이라고 하는 것이 옳겠다. 키가 엄청나게 큰 데다가 끔찍할 정도로 깡마른 유령이, 풍금 연주자가 데리고 다니는 원숭이만큼 자그마한 유령을 사슬에 묶어 끌고 오고 있었으니 말이다. 키 큰 유령은 부드러운 검은 모자를 쓰고 있었는데, 확실히 기억나지는 않아도 어쩐지 전에 본 듯한 느낌이 들었다. 그런데 부인과 불과 몇 피트 안 되는 곳에 이르자, 그 유령이 가늘고 휘청거리는 손을 들어 손가락을 쫙 벌린 채 가슴에 갖다 대더니 공허한 목소리로 이렇게 말하는 것이었다.

"마침내 만났군!"

문득 그가 누구를 연상시키는지 깨달았다. 그는 구식 극단의 초라한 삼류 배우 같았다.

"여보! 마침내 만났네요!"

귀부인이 말했다.

'맙소사!'

나는 생각했다.

'저 부인이 설마……..'

그러자 두 가지 사실이 새삼 눈에 띄었다. 첫째로, 작은 유령은 큰 유령에게 끌려다니는 게 아니었다. 손에 사슬을 들고 있는 쪽은 난쟁이 같은 형체였고, 목에 족쇄를 차고 있는 쪽이 배우 같은 유령이었던 것이다. 둘째로, 나는 부인의 시선이 난쟁이 유령 쪽에만 집중되어 있음을 눈치챘다. 난쟁이Dwarf가 말을 걸었다고 생각하는 것이든지, 아니면 키 큰 유령을 일부러 무시하는 듯했다. 부인은 가련한 난쟁이에게 눈길을 주었다. 부인의 얼굴에서만 사랑이 빛나는 것이 아니었다. 방금 목욕물에 온몸을 담그고 난 사람처럼 팔다리에서도 사랑이 뚝뚝 듣고 있었다. 부인은 놀랍게도 난쟁이에게 더 다가갔다. 그리고 허리를 굽히더니 난쟁이에게 입을 맞추었다. 그렇게 차갑고 축축하고 쭈글쭈글한 존재와 그토록 친밀한 접촉을 하다니, 보기만 해도 몸서리가 쳐졌다. 하지만 부인은 몸서리를 치지 않았다.

"프랭크, 무엇보다 먼저 날 용서해 줘요. 우리가 처음 만났던 날부터 제가 당신에게 저지른 모든 잘못과 제대로 하지 못했던 모든 일들에 대해 당신의 용서를 구하고 싶어요."

그제야 처음으로 난쟁이의 모습이 제대로 눈에 들어왔다. 아니, 어쩌면 부인의 입맞춤을 받고 나서 좀더 잘 보이는 존재가 된 것인지도 모르겠다. 그래 봤자 사람이었을 때 어떤 얼굴이었을지 겨우 알아볼 수 있을 정도였다. 작은 타원형 얼굴에 하관이 약하고 주근깨가 나 있었으며, 보잘것없는 콧수염이 볼품없이 듬성듬성 나 있었다. 그는 부인을 흘깃 보았을 뿐, 똑바로 쳐다보지 않았다. 그는 비극배우Tragedian를 곁눈질하더니 사슬을 홱 잡아챘다. 그

147

러자 난쟁이가 아니라 비극배우가 부인에게 대답했다.

"저런, 저런!"

비극배우가 말했다.

"그 이야기는 그만 합시다. 실수는 우리 모두 하는 거니까."

그 말을 할 때 배우의 얼굴 모양이 기괴하게 비틀어졌는데, 내 생각에는 너그럽게 장난스러운 웃음을 지어 보이려 했던 것 같았다.

"그 이야기는 그만 하자구. 난 내 생각은 하지 않아. 당신 생각을 하지. 그동안 내내 내 마음을 차지하고 있었던 건 바로 당신 생각이라구. 그래, 당신 생각. 당신이 여기서 홀로 나 때문에 가슴 아파하고 있으리라는 생각."

"하지만 이제 그런 생각은 그만 접어 버리셔도 돼요. 그런 생각은 다시 하지 마세요. 이젠 다 끝났으니까요."

부인이 난쟁이에게 말했다. 부인의 아름다움이 어찌나 화사하게 빛나던지, 다른 것은 거의 눈에 들어오지도 않을 정도였다. 그 달콤한 강요에 못 이겨 난쟁이는 처음으로 그녀의 얼굴을 제대로 바라보았다. 한순간, 그가 좀더 사람 같아지기 시작한다는 생각이 들었다. 그는 입을 열었다. 이번에는 자기가 직접 말하려는 것 같았다. 하지만 그의 말을 직접 들었을 때의 실망감이란!

"당신, 내가 보고 싶었어?"

그가 투덜거리는 듯한 작은 소리로 깍깍거렸다. 그러나 부인은 전혀 움찔하지 않았다. 여전히 사랑과 공손함이 흘러넘쳤다.

"여보, 그 문제는 곧 이해하게 될 거예요."

부인이 말했다.

"하지만 오늘은……."

그 후에 일어난 일은 충격적이었다. 난쟁이와 비극배우가 부인이 아닌 서로를 향해 한목소리로 "자네도 봤지"라고 말한 것이다. 그들은 서로에게 경고했다.

"우리 질문에 대답하지 않았어."

그 순간 나는 두 유령이 한 사람이라는 것을, 아니 엄밀하게 말해 한때 한 사람이었던 존재의 잔해라는 것을 깨달았다. 난쟁이가 다시 한 번 사슬을 쩔렁거리며 흔들었다.

"내가 보고 싶었냐니까?"

비극배우가 소름끼치게 연극적인 떨림이 담긴 목소리로 물었다.

"여보."

부인은 여전히 난쟁이만 보면서 말했다.

"그 점은 물론이고 다른 부분에서도 당신은 행복해질 수 있어요. 그러니 그런 건 영영 잊어버리세요."

나는 그 순간, 정말로 난쟁이가 그 말에 따르리라고 생각했다. 난쟁이의 얼굴 윤곽선이 좀더 또렷해지기도 했거니와, 4월 저녁에 노래하는 새처럼 전 존재로 노래하며 기쁨으로 초대하는 부인의 말을 누가 감히 거절할까 싶어서였다. 난쟁이는 흠칫 망설였다. 그러더니 또 한 번 공범자와 한목소리로 말했다.

"물론 대답을 너무 강요하진 않는 편이 관대하고 좋은 일일 것 같군."

그들은 서로를 보며 말했다.

"하지만 우리가 그런다고 아내가 알아줄까? 전에도 그랬잖아. 집에 남은 마지막 우표로 자기 어머니한테 편지를 쓰게 해 주었는데, 우리도 편지를 쓰고 싶어한다는 걸 **알았으면서도** 아무 말도 하지 않았다구. 우리는 아내가 그 일을 마음에 담아 둘 거라고, 그래서 우리가 얼마나 이기적이지 않은 사람인지 기억해 줄 거라고 생각했어. 하지만 한마디도 하지 않았지. 또 언젠가는…… 오, 어디 그런 적이 한두 번이었어야지!"

그러자 난쟁이는 또 사슬을 철렁거리며 흔들었고, "난 잊을 수 없어"라고 비극배우가 소리쳤다.

"난 절대 잊지 않을 거야. 여기 사람들이 나한테 저지른 짓들은 용서할 수 있어. 하지만 당신을 불행에 빠뜨린 건……."

"오, 아직 모르겠어요? 이곳에 불행이란 **있을 수 없어요.**"

"그러니까,"

갑자기 떠오른 생각에 비극배우를 깜박 잊어버린 것처럼 난쟁이가 직접 말했다.

"그러니까 당신은 그간 **행복했단** 말이지?"

"당신은 내 행복을 바라지 않았던가요? 아니, 과거에 바랐느냐 바라지 않았느냐는 중요하지 않아요. 지금 바라면 되지요. 그렇지 않으면 그 문제는 아예 생각하지도 마세요."

난쟁이는 부인을 보고 눈을 껌벅거렸다. 이때까지 꿈도 못 꾸어 본 생각이 그의 조그만 머릿속으로 비집고 들어가려는 것을 볼 수 있었다. 즉 그에게도 약간의 다정함은 있다는 점이 보인 것이다. 그 순간, 그는 거의 사슬을 놓칠 뻔했다. 하지만 그는 사슬이 무슨 생명선이라도 되는 양 다시 꽉 움켜쥐었다.

"이봐, 우리는 상황을 똑바로 파악해야 해."

비극배우가 말했다. 이번에는 '남자답게' 으르는 말투를 쓰고 있었다. 여자들을 정신차리게 만들 때 쓰는 그런 말투 말이다.

"여보, 똑바로 파악해야 할 상황 같은 건 없어요. 불행 그 자체를 위해 제가 불행했길 바라는 건 아니잖아요. 당신은 단지 제가 당신을 사랑했다면 불행했을 것이 틀림없겠다고 생각하는 것뿐이에요. 하지만 잠깐만 기다리면 그렇지 않다는 걸 알게 될 거예요."

"사랑!"

비극배우는 자기 앞이마를 탁 치더니, 몇 음 더 낮게 목소리를 내리깔면서 말했다.

"사랑! 당신 그 말이 무슨 뜻인지 알기나 해?"

"어떻게 모를 수가 있겠어요?"

부인이 말했다.

"저 자신이 사랑에 빠져 있는걸요, **사랑에**. 모르시겠어요? 그래요, 전 지금 진정으로 사랑하고 있어요."

"당신 말은,"

비극배우가 말했다.

"그러니까 당신 말은……, 예전에는 날 진정으로 사랑하지 않았다는 뜻이로군."

"아주 빈곤한 방식으로 사랑했을 뿐이지요."

부인이 대답했다.

"그래서 용서해 달라고 말했잖아요. 진정한 사랑은 아주 조금밖에 없었어요. 하지만 우리가 저 아래 세상에서 '사랑'이라고 부르던 건, 진정한 사랑이라기보다는 대부분 사랑받고 싶어하는 갈망이었지요. 저는 주로 저 자신을 위해 당신을 사랑했어요. 당신이 필요했으니까요."

"그렇다면 지금은!"

비극배우가 닳고 닳은 절망의 몸짓을 취하며 외쳤다.

"지금은 내가 더 이상 필요 없다는 건가?"

"물론이죠!"

부인이 말했다. 그 미소를 보니, 두 유령이 어떻게 기쁨으로 소리치지 않고 버티고 있는지 이해할 수가 없었다.

"제게 더 이상 뭐가 필요하겠어요? 모든 걸 다 가졌는데. 이제 전 공허하지 않고 충만해요. 사랑이신 그분 안에 있으니 전혀 외롭지 않지요. 전 약하지 않고 강해요. 그리고 당신도 그렇게 될 수 있어요. 어서 와서 보세요. 우린 더 이상 서로가 **필요치** 않을 거예요. 이제부터 우린 진정으로 사랑할 수 있어요."

하지만 비극배우는 여전히 잘난 척 폼만 잡고 있었다.

"내가 더 이상 필요 없대. 더 이상 필요 없대, 더 이상."

그는 특별히 염두에 둔 대상 없이, 목멘 소리로 말했다.

"하나님께 바라건대,"

그는 '하나님'을 '허너님'으로 발음하며 말을 이었다.

"허너님께 바라건대, 저런 소릴 듣느니 차라리 그녀가 내 발 밑에 죽어 쓰러진 모습을 보았다면 좋았을 것을! 죽어 쓰러진 모습을, 죽어 쓰러진 모습을,"

부인이 그 혼잣말을 끊지 않았다면, 도대체 몇 번이나 같은 말을 되풀이했을지 모르겠다.

"프랭크! 프랭크!"

부인이 소리치자 온 숲이 쩌렁쩌렁 울렸다.

"날 좀 봐요. 날 좀 **보라구요**. 그 크고 추한 인형을 가지고 뭘 하는 거예요? 사슬을 놓으세요. 멀리 보내 버려요. 제가 원하는 건 당신이에요. 저 인형이 하는 말이 얼마나 한심한 헛소리인지 모르겠어요?"

즐거움이 부인의 눈빛 속에서 춤을 추었다. 부인은 난쟁이의 머리 바로 위에서 난쟁이와 농담을 나누고 있었다. 가끔 미소라고 하지 못할 것도 없을 표정이 난쟁이의 얼굴에 떠올랐다. 그는 이제 부인을 **쳐다보고** 있었다. 부인의 웃음소리가 첫 번째 방어선을 뚫고 들어갔다. 그는 버텨 보려고 안간힘을 썼지만, 완벽하게 성공할 수는 없었다. 자기 뜻과는 달리 몸집까지 더 커졌던 것이다.

"오, 당신은 정말 어리석어요. 여기서 그런 말을 하는 게 무슨 소용이 있지요? 제가 오래오래 전에 **이미** 죽어 쓰러졌다는 걸 당신도 잘 알면서 말예요. 물론 '당신 발 밑'은 아니었지만 요양원 침대 위에서 죽었잖아요. 아주 좋은 요양원이었지요. 길바닥에 죽어 쓰러진 모습을 보고 싶다고 말하다니, 그곳 간병인이라면 꿈도 못 꿀 일이에요. 다른 곳도 아니고 바로 **이곳에서** 인형 따위가 죽음을 가지고 감동적인 말을 하려 드는 게 정말 우습군요. 그런 말을 해 봤자 여기선 절대 통하지도 않는데 말이에요."

13

난쟁이 유령이 기쁨을 받아들이지 않으려고 사투를 벌이는 모습은, 내가 평생 본 광경 중에 가장 참담한 것이었다. 그는 거의 무릎을 꿇기 일보 직전이었다. 언젠가, 헤아릴 수도 없이 먼 옛날, 그에게도 유머와 이성의 희미한 빛이 있었을 것이다. 한순간, 그는 사랑과 환희 속에서 자신을 바라보는 부인의 눈길을 받으며 비극배우의 부조리함을 깨달았다. 한순간, 그는 부인의 웃음소리를 오해 없이 있는 그대로 받아들였다. 서로 사랑하는 사람들보다 더 상대방의 부조리한 부분을 발견할 수 있는 이들은 없다는 걸 그도 한때는 잘 알고 있었을 것이다. 그러나 그를 비춘 빛은 그의 뜻을 거슬러 찾아온 빛이었다. 이것은 그가 상상하던 만남이 아니었다. 따라서 받아들일 수가 없었다. 다시 한 번 그는 죽음의 줄을 쥔 손

길에 힘을 주었고, 동시에 비극배우가 말하기 시작했다.

"감히 비웃다니!"

비극배우가 노호怒號했다.

"그것도 내 면전에서! 이게 내가 받을 보상이란 말이지. 좋아. 내 운명이야 어떻게 되든 신경 쓰지 않는다니 다행이로군. 안 그러면 날 다시 지옥으로 쫓아낸 걸 나중에 후회할지도 모르니까. 뭐? 내가 지금 여기 남을 거라 생각한다고? 천만의 말씀. 사양하겠어. 나도 눈치가 있으니 날 원치 않는 데가 어딘지 금세 안다고. 내 기억이 옳다면 '필요로 하지 않는 데'라고 하는 게 더 정확한 표현이겠지만."

그때부터 난쟁이는 다시 입을 열지 않았다. 하지만 부인은 여전히 그에게 말을 걸었다.

"여보, 당신을 돌려보내려는 사람은 아무도 없어요. 이곳은 온통 기쁨으로 충만해요. 모든 것들이 당신에게 여기 머물라고 말하고 있잖아요."

그러나 부인이 말하는 동안에도 난쟁이는 점점 더 작아지고 있었다.

"그렇지."

비극배우가 말했다.

"똥개한테나 제시할 조건을 달고 말야. 나한테도 최소한의 자존심이라는 게 있어. 또 내가 머물든 떠나든 당신한테는 상관 없는 일이라는 것도 잘 안다고. 내가 그 춥고 음울하고 외롭고 또 외로운 거리로 돌아간다 해도 당신은 아무 상관……."

"그러지 말아요, 그러지 마세요, 프랭크. 인형이 저런 말을 떠들어 대지 못하게 하세요."

난쟁이는 이제 너무 작아져서, 그에게 말을 하려면 무릎을 꿇어야 할 정도가 되었다. 비극배우는 개가 뼈다귀를 물고 늘어지듯 부인의 말꼬리를 물고 늘어졌다.

"흥, 이런 말은 못 참으시겠다?"

비극배우는 딱한 승리감에 도취되어 소리쳤다.

"항상 이런 식이었어. **자기는** 온실 속에서 보호받아야 한다 이거지. **자기는** 우울한 현실을 보지 않겠다는 거라고. 당신은 나 없이도 행복할 수 있어! 나 같은 건 까맣게 잊어버렸다고! 당신은 내가 얼마나 괴로운지 듣기도 싫지. **그러지 마세요**라고? 그러니까 당신한테 말도 하지 말라는 거지? 당신을 불행하게 만들지 말라, 당신의 온실 속, 그 이기적인 작은 천국에 침입하지 말라 이거라고. 이게 내 보상이라니……."

이제 난쟁이에게 말하려면 더 깊이 몸을 숙여야 했다. 두 발이 땅 위에 둥둥 뜬 채 사슬 끝에 매달려 있는 난쟁이는 이제 고작 고양이만한 크기로 줄어 있었기 때문이다.

"그런 뜻에서 그러지 말라고 한 게 아니에요."

부인이 대답했다.

"제 말은, 이제 연기는 그만두라는 뜻이에요. 그래 봤자 아무 소용 없어요. 저 인형은 당신을 죽이고 있다구요. 사슬을 놓으세요, 지금이라도."

"연기라고!"

비극배우가 꽥 소리를 질렀다.

"그게 대체 무슨 소리지?"

이제 난쟁이는 너무 작아져서 내 눈에도 그가 붙잡고 있는 사슬과 그의 모습이 분간되지 않았다. 부인이 말을 걸고 있는 사람이 난쟁이인지 비극배우인지조차 모를 지경이 된 것은 이번이 처음이었다.

"어서요. 아직 시간이 있어요. 그만둬요. 당장 그만둬요."

"뭘 그만두라는 거야?"

"동정심을 악용하는 짓, 남의 동정심을 악용하는 짓을 그만두라구요. 지상에서는 누구나 조금씩은 그런 짓을 하면서 살았지요. 동정심은 기쁨을 재촉해 불행한 사람들을 돕도록 몰아가는 박차와 같아요. 하지만 거꾸로 악용될 수도 있지요. 일종의 협박처럼 작용할 수가 있으니까요. 불행을 택한 사람들이 동정심의 감정을 몸값으로 요구하면서, 기쁨을 인질로 잡아둘 수 있거든요. 이제전 다 알아요. 당신은 어렸을 때도 그런 짓을 했다는 거. 미안하다고 말하는 대신, 다락방으로 올라가 심통을 냈지요……. 조만간 누나들 중 누군가가 '그 애가 울면서 저 위에 혼자 있게 하다니,

도저히 견딜 수가 없어'라고 말하리라는 걸 알았기 때문이지요. 당신은 누나들의 동정심을 무기 삼아 그들을 협박했고, 누나들은 당신한테 항복했어요. 그 후에 우리가 결혼했을 때에도…… 오, 옛날 일은 중요하지 않아요. 지금이라도 **그만둔다면**."

"그러니까 **그게**,"

비극배우가 말했다.

"그게 그토록 오랜 세월 함께 살면서 나에 대해 알게 된 전부란 말이지."

그때쯤에는 이미 난쟁이 유령이 어떻게 되었는지 알 수조차 없게 되었다. 어쩌면 사슬 위를 벌레처럼 기어 올라가고 있었는지도 모르겠다. 아니면 사슬에 흡수되어 버렸든지.

"아니, 프랭크, **여기서는** 안 돼요."

부인이 말했다.

"이성의 목소리에 귀를 기울여요. 매번 그런 협박이나 당하라고 기쁨이라는 게 창조되었다고 생각했나요? 자기 의지가 관철되지 않으면 차라리 불행을 택하는 사람들에게 매번 무방비로 당하기만 할 걸로 생각했어요? 그렇게 생각한 것이야말로 당신의 진짜 불행이에요. 이젠 알아요. 당신은 자기 자신을 진짜 비참하게 만들었지요. 지금도 그렇게 할 수는 있어요. 하지만 그 비참함을 다른 사람한테 옮길 수는 없어요. 이곳에는 절대 흔들리지 않는 기쁨이 있기 때문이에요. 우리 빛은 당신의 어둠을 집어삼킬 수 있어요. 하지만 당신의 어둠이 우리 빛을 오염시킬 수는 없답니다. 아니, 아니, 그렇게는 못해요. 당신이 우리 쪽으로 오세요. 우리가 당신 쪽으로 갈 수는 없어요. 찌푸린 얼굴과 한숨으로 언제까지나 사랑과 기쁨을 좌지우지할 수 있다고 생각하나요? 사랑과 기쁨은 그 반대의 감정보다 훨씬 더 강력하다는 사실을 몰랐나요?"

"사랑? 어떻게 감히 **당신이** 그렇게 신성한 단어를 입에 올릴 수 있지?"

비극배우가 말했다. 그와 동시에 아까부터 옆구리에서 쓸모 없이 달랑거리고 있던 사슬을 모아 들더니, 어떻게 했는지 완전히 없애 버리고 말았다. 단언할 수는 없지만 아무래도 삼켜 버린 듯했다. 그러자 부인이 처음으로 인형만 바라보며 말했다.

"프랭크는 어디 있지요?"

부인이 말했다.

"그리고 당신은 누구지요? 전 전혀 모르는 분인데요. 떠나 주셨으면 좋겠군요. 물론 원한다면 머무셔도 좋습니다. 당신을 도울 수 있다면, 그런 일이 가능하다면 지옥까지라도 함께 가 드리겠어요. 하지만 당신이 내 안에 지옥을 가지고 들어올 수는 없습니다."

"당신은 나를 사랑하지 않는군."

비극배우가 박쥐처럼 가느다란 목소리로 말했다. 그의 모습은 차마 보기 힘든 지경이 되어 있었다.

"저는 거짓을 사랑할 수는 없어요."

부인이 말했다.

"존재하지 않는 것을 사랑할 수는 없지요. 저는 사랑이신 분 안에 있고, 절대 그 밖으로 나가지 않을 거예요."

대답이 없었다. 비극배우가 스러져 버린 것이다. 부인은 숲에 홀로 서 있었고, 갈색의 새가 그 곁으로 폴짝폴짝 뛰어갔다. 내가 아무리 밟아도 휘어지지 않던 풀들이 새의 가벼운 발 밑에서는 휘어지고 있었다.

이윽고 귀부인은 일어나 걸어가기 시작했다. 다른 빛나는 영들이 그녀를 맞이하며 노래했다.

행복한 삼위일체 그의 집일세. 어느 것도 그 기쁨 흩지 못하리.

그는 그물에 잡히지 않는 새, 함정에서 도약하는 사슴.

어미 새가 새끼 지키듯, 방패가 무장한 기사 지키듯,

주께서 변함없는 빛으로 그의 마음 지키시네.

한밤의 악령도 겁주지 못하고

대낮의 총알도 놀라게 못하리.

진실을 둘러쓴 거짓의 공격 또한 헛일일세.

유리처럼 거짓을 꿰뚫어 보니.

보이지 않는 병균도 해치 못하고

번쩍이는 일광도 해치 못하리.

일천 명이 문제를 풀지 못했고

일만 명이 그른 길을 선택했지만

그는 무사히 통과했지.

불멸의 신들을 보내 수종들게 하시네,

어느 길로 가든지.

힘든 곳마다 손잡아 주시니

어두워도 비틀거리지 않으리.

사자와 뱀 사이도 걷겠고

공룡과 새끼 사자 자라는 곳도 걷겠네.

한없는 생명을 잔이 넘치게 채우시고

세상 욕망의 정체를 보게 하시네.

"그렇지만…… 그렇지만……,"

나는 그 형상들과 그들이 부르는 노랫소리가 숲 속으로 한참 멀어진 후에 스승에게 말했다.

"아직도 저는 확신이 없습니다. 저 부인처럼 남편의 불행에 아무런 영향을 받지 않아도 되는 걸까요? 아무리 남편 혼자 만들어낸 불행이라지만 말입니다."

"그렇다면 자네는 아직도 그가 아내를 괴롭힐 힘을 갖고 있길 바라는가? 지상에서 살 때 그는 숱한 나날, 숱한 세월을 그렇게 괴롭혔다네."

"글쎄요, 그건 아니에요. 그걸 바라는 건 아닙니다."

"그럼 뭔가?"

"저도 잘 모르겠어요, 선생님. 지상의 사람들 중에는, 한 영혼이라도 멸망당하는 사람이 있다면 어떻게 구원받은 사람들이 온전히 기뻐할 수 있겠느냐고 말하는 이들이 있거든요."

"그렇지 않다는 걸 알 텐데."

"하지만 어떤 면에서는 그래야 하는 거 아닌가 하는 생각이 듭니다."

"그 말은 아주 자비롭게 들리네만, 그 배후에 무엇이 도사리고 있는지 봐야 해."

"뭐가 도사리고 있지요?"

"사랑 없이 자아에 갇혀 있는 사람들의 요구, 자기네가 우주를 협박할 수 있게 허락해 달라는 요구, 자기네가 행복해지는 데(자기네가 제시하는 조건대로) 동의할 때까지는 세상 어느 누구도 기쁨을 맛보아서는 안 된다는 요구, 자기네가 최종권력을 휘둘러야 한다는 요구, 지옥이 천국에 거부권을 행사할 수 있게 해 달라는 요구."

"제가 뭘 바라는지 모르겠습니다, 선생님."

"이보게, 둘 중 하나라네. 기쁨이 온 세상에 충만해져서 불행을 만드는 자들이 더 이상 기쁨을 더럽히지 못하는 날을 바라거나, 불행을 만드는 자들이 스스로 차낸 행복을 남들도 누릴 수 없도록 영원히 파괴하게 되기를 바라거나 둘 중 하나야. '한 피조물이라도 어두운 바깥에 버려진다면, 나는 차라리 구원받지 않는 편을 택하겠다'는 말이 얼마나 거창하고 근사하게 들리는지 나도 아네. 하지만 그런 궤변을 조심하지 않으면, 못 먹는 밥에 재나 뿌리는 우주의 폭군을 만들어 내게 될 걸세."

"그러면 언젠가는 동정심이—말하기도 무섭지만—사라져 버린다는 겁니까?"

"구분을 해야지. 행동으로서의 동정심은 영원히 남는다네. 하지만 열정으로서의 동정심은 사라져야 해. 열정으로서의 동정심, 즉 단순히 마음을 괴롭히는 동정심, 양보하면 안 될 것을 양보하게 만들고 참말을 해야 할 때 아부하게 만드는 아픈 마음, 수많은 여자들을 속여 순결을 잃게 만들고 수많은 정치가들을 속여 정직을 잃게 만드는 감정은 사라져 마땅하네. 악인들은 그런 동정심을 무기 삼아 의인들을 공격했지. 그런 무기는 부러뜨려야 해."

"그럼 다른 것은요? 행동으로서의 동정심 말입니다."

"그것은 거꾸로 의인들의 무기가 되지. 행동으로서의 동정심을 가진 사람은 가장 높은 곳에서 가장 낮은 곳까지 빛보다 빨리 내려가 치유와 기쁨을 선사한다네. 어떤 대가라도 기꺼이 감수하면서. 그는 어둠을 빛으로, 악을 선으로 바꾼다네. 하지만 지옥의 간사한 눈물에 속아 의인들에게 악의 폭압을 견디라고 강요하지 않지. 순순히 약을 먹으면 질병은 치료되게 마련일세. 그러나 자기는 낫기 싫다고 우기는 황달 환자의 마음을 위로하려고 노란 얼굴

을 파랗다고 하거나, 장미 향기를 싫어하는 몇 사람을 위해 세상
정원을 전부 퇴비더미로 만들어 버릴 수는 없는 법이지."

"행동으로서의 동정심을 가진 사람은 기꺼이 가장 낮은 곳으로
내려간다고 하셨지요, 선생님. 하지만 부인은 남편과 함께 지옥으
로 내려가지 않았습니다. 버스를 타고 돌아가는 남편을 전송조차
하지 않았구요."

"자네 생각엔 부인이 어디로 갔어야 할 것 같은가?"

"글쎄요, 버스가 출발했던 곳으로 가야 하지 않을까요. 절벽 가
장자리 너머, 큰 만灣이 있는 곳 말입니다. 여기서는 보이지 않지
만 어디를 말하는지 아시지요?"

스승이 기묘한 미소를 띠었다.

"여기 좀 보게."

스승은 이 말과 함께 손바닥과 무릎으로 땅을 짚고 엎드렸다.
나도 따라 했고(얼마나 무릎이 아프던지!), 스승이 풀잎을 하나 뽑는
모습을 지켜보았다. 스승은 얇은 풀잎 끝을 지시봉 삼아, 땅에 아
주 작게 갈라져 있는 틈을 가리켰다. 나는 한참 동안 자세히 살펴
본 후에야 그 틈을 찾을 수 있었다. 어찌나 작은지 스승이 가리켜
주지 않았으면 알아보지도 못했을 것이다.

"자네가 타고 올라온 길이 정확히 이 틈인지는 모르겠네. 하지
만 자네가 타고 올라온 틈도 이보다 더 크지는 않을 걸세."

"하지만……, 하지만,"

나는 공포심에 가까운 당혹감에 어쩔 줄 모르며 신음했다.

"저는 무한한 심연을 보았습니다. 그리고 깎아지른 듯 높이 솟은 절벽들을 보았어요. 그 절벽 위에 이 나라가 있었습니다."

"맞네. 하지만 그 여행은 단순한 공간 이동이 아니었다네. 버스와 그 속에 타고 있던 일행 모두 크기가 커지고 있었으니까."[13]

"그렇다면 지옥이—그 한없이 텅 비어 있던 도시가—이렇게 작은 틈 밑에 있단 말씀입니까?"

"그렇다네. 지옥은 지상 세계의 자갈돌 하나보다 작지. 하지만 이 나라, 이 참된 세계에 비하면 원자 하나보다 더 작다네. 저 나비를 보게. 저 나비가 지옥을 전부 삼켜 버린다 해도, 지옥이 저 나비에게 어떤 해도 끼치지 못하는 것은 물론이고 나비는 지옥의 맛조차 느끼지 못할 걸세."

"선생님도 막상 거기 가 보시면 크게 보일 겁니다."

"지옥에 있는 모든 고독과 분노, 증오, 질시와 참을 수 없는 갈망을 다 하나의 경험에 뭉쳐 저울에 올려놓는다 해도, 천국에서 가장 작은 존재가 느끼는 찰나의 기쁨에도 미치지 못한다네. 선이 선에 충실한 데 비해, 악은 악에도 충실할 수가 없어. 지옥의 모든 불행이 한데 뭉쳐 저 가지 위에 앉아 있는 작고 노란 새의 의식 속에 들어간다 해도, 지상의 태평양 정도는 분자 하나에 불과하다고

---

13) 이 여행 방식도 '과학소설가들'에게서 배운 것이다.—지은이 주

할 만큼 거대한 대양에 잉크 한 방울 떨어진 것처럼 흔적도 없이 흡수되어 버릴 걸세."

"이제 알겠습니다."

내가 마침내 말했다.

"부인은 **너무 커서** 도저히 지옥에 들어갈 수가 없었던 거군요."

스승이 고개를 끄덕였다.

"지옥에는 부인이 들어갈 만한 자리가 없으니까. 지옥이 아무리 입을 크게 벌려도 안 된다네."

"그렇다면 몸을 작게 만들 수는 없었나요? 그러니까 이상한 나라의 앨리스처럼요."

"그렇게까지 작게 만들 수는 없지. 저주받은 영혼은 무無에 가깝거든. 쭈그러들어 자기 안에 갇혀 버렸지. 음파가 귀머거리의 고막을 두드리듯 선善이 저주받은 영혼을 끝없이 두드려도 그들은 받아들일 수가 없다네. 그들은 주먹을 꽉 쥐고 있고, 이를 악물고 있으며, 두 눈을 꼭 감고 있지. 물론 처음에는 자의로 거부하지만, 나중에는 선물을 받고 싶어도 손을 펴지 못하고, 먹고 싶어도 입을 벌리지 못하고, 보고 싶어도 눈을 뜨지 못하는 상태가 된다네."

"그들에게 손길을 내밀 수 있는 사람은 아무도 없습니까?"

"가장 크신 분 한 분만 지옥에 들어갈 만큼 작아지실 수 있다네. 높은 사람일수록 낮은 데로 임할 수 있으니까. 인간은 말을 불쌍히 여겨도, 말은 쥐를 불쌍히 여기지 못하지 않는가. 딱 한 분만이 지옥에 내려가신 적이 있지."

"그분이 또 내려가실까요?"

"지옥에 다녀오신 지 불과 얼마 되지 않았어. 지상을 떠나면 시간이 다르게 흐르지. 지금까지 존재했던 모든 순간과 앞으로 다가올 모든 순간, 현재의 모든 순간이 그분이 내려가신 순간 안에 다 현존하거든. 옥에 갇힌 영혼 중에 그분이 설교하지 않으신 영혼은 하나도 없다네."

"그럼 그분의 말씀을 듣는 영혼들이 있단 말씀입니까?"

"물론이지."

"선생님의 책들을 보면, 만인구원설을 믿으시던데요. 마치 모든 인간이 구원받을 수 있는 것처럼 말씀하셨잖습니까. 사도 바울도 그랬구요."

"만물의 결국에 대해서는 아무것도 알 수 없고, 그런 용어들로 표현해 낼 수도 없다네. 어쩌면 주님께서 노리치의 성녀 줄리안 Lady Julian에게 말씀하셨듯이, 모든 게 잘되고 모든 게 잘되며 모든 만물이 잘될지도 모를 일이지. 하지만 그런 문제들에 대해 이야기하는 건 바람직하지 못해."

"너무 무서운 문제이기 때문인가요, 선생님?"

"아니, 모든 답에는 오해의 여지가 있기 때문이라네. 아직 시간이 흐르고 있을 때 문제를 제기하면서 어떤 선택의 여지가 있느냐고 묻는다면 답은 분명하지. 즉 그 답은 길을 선택할 수 있는 권한이 자네에게 있다는 거야. 막힌 길은 없네. 누구든지 영원한 죽음을 선택할 수 있지. 죽음을 선택하는 자들은 그 선택대로 죽게 될 걸세. 하지만 자네가 시간을 벗어나 영원으로 도약하려 든다면, 오직 참된 실재만 남고 더 이상 선택의 여지가 주어지지 않을 그 날에 만물이 최종적으로 **이르게 될 상태**(자네로서는 이렇게 미래형으로 말할 수밖에 없을 게야)를 알려 든다면, 자네는 인간의 귀가 감당할 수 없는 답을 구하는 셈이 된다네. 망원경을 거꾸로 보면 큰 물건도 작고 선명하게 보이잖나. 시간은 그처럼 너무 커서 안 보이는 것을 작게 줄여 볼 수 있게 해 주는 렌즈와 같다네. 그런 식으로 볼 수 있는 게 바로 자유야. 자네는 자유라는 선물 덕분에 창조자와 가장 닮은 존재가 되었고, 영원한 실재의 일부가 되었지. 하지만 그 자유는 오직 시간의 렌즈를 통해서만, 즉 망원경을 거꾸로 볼 때처럼 작고 선명한 화상으로만 볼 수 있다네. 자유는 꼬리에 꼬리를 물고 이어지는 순간들과, 그 순간순간마다 얼마든지 달라질 수도 있는 선택을 수행하는 자네가 함께 어우러져 만들어 내는 그림이라네. 자유는 시간의 연속도 아니고, 선택할 수도 있었지만 결국 선택하지 않은 일의 환영幻影도 아닐세. 그런 것들은 그저 하나의 렌즈에 불과하지. 자네가 그 렌즈를 통해 보는 그림은 일종의 상징이라네. 그러나 그것은 그 그림의 이면을 다룬다고 주장하는 어떤 철학 이론보다(어쩌면 어떤 신비주의자의 환상보다)

더 참된 것일세. 시간의 렌즈를 통하지 않고 영원의 형체를 보려 들다가는, 자유를 아는 지식이 예외 없이 파괴되어 버리는 법일세. 예정설을 보게. 그 교리는 '영원한 실재는 굳이 명실상부한 실재가 될 미래를 기다릴 필요가 없다'는 사실을 (충분히 참되게) 보여 주고 있다네. 하지만 그 대가로 둘 중에서 더 심오한 진리인 자유의 교리를 희생시켜 버리지. 만인구원설도 마찬가지 아니겠나? 자네는 영원한 실재의 정의定義를 **결코 파악할 수 없어**. 시간 그 자체, 그리고 그 시간을 채우는 모든 행동과 사건들이야말로 그 실재의 정의로서, 우리는 그것을 몸으로 살아내야 한다네. 주님은 우리를 신이라고 부르셨지.[14] 자네 자신의 영혼과 그 영혼이 선택하는 영원한 실재의 그 거대한 모습을 자네 눈으로 얼마나 오랫동안 버티며 볼 수 있을 것 같은가?(시간의 렌즈가 없다면 말일세.)"

---

14) 시편 82편 6절 참조.

14

　그리고 순식간에 모든 것이 바뀌어 버렸다. 나는 거인처럼 큰 형상들이 작은 은색 탁자 주변에 모여 꼼짝도 하지 않은 채 깊은 침묵에 빠져 한없이 탁자만 들여다보고 있는 모습을 보았다. 탁자 위에는 이런저런 일을 하면서 마치 체스 말처럼 앞뒤로 움직이고 있는 작은 형체들이 보였다. 나는 그 체스 인간들이 탁자 주변에 서 있는 거대한 존재 중 몇 명을 대신하는 심상Idolum 내지는 꼭두각시라는 것을 알아챘다. 각각의 체스 인간들이 보여 주는 행동이나 움직임은 거대한 주인의 가장 깊은 속에 있는 본질을 표현하는 움직이는 초상화 내지는 흉내, 혹은 팬터마임이라고 할 수 있었다. 체스 인간들의 눈에는 자기 자신이나 다른 체스 인간이 이 세상의 남자와 여자 모습으로 보였다. 은색 탁자는 시간이었다.

서서 체스 인간들을 보고 있는 이들은 그들이 대변하고 있는 남자와 여자의 불멸의 영혼이었다. 나는 현기증과 공포심에 사로잡혀 스승을 붙들고 물었다.

"저게 진실입니까? 그럼 이 나라에서 제가 본 것들은 다 거짓이란 말입니까? 영과 유령들의 대화는, 단지 오래 전에 내려진 선택을 흉내 낸 것에 불과하냐구요?"

"또는 만물에 종말이 닥쳤을 때 내려질 선택의 예시라고 말하면 어떨까? 하지만 그 어느 쪽이라고도 말하지 않는 편이 좋겠네. 자네는 지상에서 볼 때보다 약간 더 선명하게 그 선택들을 본 것일 뿐일세. 렌즈가 더 선명했던 덕분이지. 하지만 여전히 렌즈를 통해 본 것일 뿐이야. 꿈에서 본 환상에 대해서는 꿈에서 본 환상이 줄 수 있는 것 이상을 요구하지 말아야지."

"꿈이라구요? 그렇다면……, 그렇다면, 제가 정말로 여기 있는 게 아니란 말씀입니까, 선생님?"

"맞네."

그가 내 손을 꼭 잡으며 친절하게 말했다.

"아직은 그렇게 좋은 때가 오지 않았어. 자네는 앞으로 죽음의 쓴잔을 마셔야 한다네. 지금은 그저 꿈을 꾸고 있을 뿐일세. 자네가 본 걸 얘기할 때에도 꿈에 불과하다는 걸 꼭 밝혀 주기 바라네. 그것도 아주 분명히 밝혀야 해. 어떤 인간도 모르는 지식을 자네가 가지고 있다고 생각하는 가엾은 바보가 생기지 않도록 말이야.

내 자녀들 중에는 스베덴보리나 베일 오언즈 같은 신비주의자들이 나오지 못하게 해야지."

"그건 하나님이 금하신 일이지요, 선생님."

나는 아주 현명하게 보이려고 애쓰면서 말했다.

"정말이지 하나님이 **금하신** 일이라네. 그래서 자네한테 말하고 있는 것 아닌가."

이 말을 하는 스승이 어느 때보다 더 스코틀랜드 사람처럼 보였다. 나는 스승의 얼굴을 찬찬히 들여다보았다. 체스 인간의 환상도 희미해졌고, 다시 한 번 해 뜨기 직전의 서늘한 빛이 비치는 조용한 숲이 우리를 둘러쌌다. 아직도 스승의 얼굴을 바라보고 있던 나는 그의 얼굴에서 내 온몸을 전율케 하는 무언가를 보았다. 그때 나는 동쪽 산맥을 등지고 서 있었고, 그는 내 맞은편에서 동쪽 산맥을 바라보고 있었다. 스승의 얼굴에 새벽빛이 반짝였다. 그보다 30야드 뒤에 있던 고사리도 금빛으로 물들었다. 동쪽을 향하고 있는 나무 줄기들이 하나같이 밝아지기 시작했다. 그늘이 깊어졌다. 그 사이에도 숲 속에서는 새들의 지저귐과 재잘거림 같은 소리들이 끊이지 않고 들려왔다. 그러더니 갑자기 모든 나뭇가지에서 합창이 쏟아져 나왔다. 수탉들의 꼬끼오 소리와 사냥개들의 음악 소리와 뿔나팔 소리가 들렸다. 그리고 그 무엇보다 수만 명에 이르는 인간들과 숲의 천사들과 숲 그 자체가 한 목소리로 "온다! 온다!"라고 노래하는 소리가 들렸다.

"자는 자들아, 깨어라! 온다, 온다, 온다!"

나는 두려움에 가득 찬 시선을 등뒤로 던졌다. 하지만 너무 잠깐 본 탓에(과연 보기는 했던가?) 새벽 햇살의 테두리가 황금빛 화살로 시간을 쏘아 죽이고, 허깨비 같은 형상들을 모조리 쫓아내는 광경을 제대로 보지는 못했다. 나는 비명을 지르며 스승의 소맷자락에 얼굴을 파묻었다.

"아침이에요! 아침!"

내가 소리쳤다.

"아침 햇살에 붙잡히고 말았어요. 전 유령인데."

하지만 이미 늦었다. 그 빛은 견고한 벽돌처럼 참을 수 없이 날카로운 각과 육중한 무게를 지니고 벼락 치듯 내 머리 위로 쏟아져 내렸다. 다음 순간, 스승의 소맷자락은 내가 의자에서 떨어지며 잡아당긴, 잉크로 얼룩진 낡은 책상보 자락이라는 것을 알게 되었다. 벽돌 같은 빛이라고 생각했던 것은 내가 책상보를 잡아당기면서 머리 위로 쏟아져 내린 책들이었다. 차가운 방, 텅 빈 흑색 벽난로 옆 바닥 위에 웅크리고 자다가 잠을 깬 것이다. 시계는 세 시를 치고 있었고, 머리 위에서는 사이렌이 윙윙 울리고 있었다.

●박성일 : 브리티시 컬럼비아 대학교를 졸업하고, 웨스트민스터 신학교에서 신학 석사(M.Div.)와 《C. S. 루이스의 신학》으로 박사학위(Ph.D.)를 받았다. 현재 필라델피아 기쁨의교회 담임목사이며, 필라델피아 웨스트민스터 신학교 강사로 있다.

해 설

인간 본성 간파한 통찰력 담은 신학적 판타지

박성일

    C. S. 루이스는 1898년 아일랜드에서 태어나, 두 차례 큰 전쟁을 치렀던 20세기 초 유럽의 격동기를 경험하며 일생을 영국 옥스퍼드 그리고 케임브리지 대학에서 영문학을 가르치는 교수로 살다가 1963년에 이 땅의 생을 마감한 인물입니다. 당시 많은 서구인처럼 그는 기독교 가정에서 태어나 일평생 서양 문화의 물을 들이키고 살았던 사람입니다. 그는 실제로 대영 제도諸島를 벗어난 적이 거의 없는, 어떻게 보면 문화적으로 고립된 사람이었으며, 옛 서구문화the Old Western Culture를 마지막까지 고수하려는 자신을 스스로 '공룡' 같은 존재라고 평한 사람입니다. 영문학자로서 어느 정도 실력을 인정받은 것은 분명했지만, 교내校內 정치력을 전혀 갖지 못해서 옥스퍼드에서 30년간 가르치고도 그곳에선 정교수로 선출되지 못했고, 60세가 되기까지 독신으로 살아 한

해 설　177

명의 자녀도 세상에 남기지 못하고 떠나간 아쉬운 삶을 산 그런 사람입니다.

그런데 이런 인물이 세상을 떠난 지 40년이 지난 오늘, 그리고 그가 살던 문화의 틀 이후 벌써 수차례 사고의 패러다임이 바뀌어 버린 지금, 영어권뿐 아니라 다문화·다언어권 사회의 신앙과 정신세계에 엄청난 영향을 미치고 있다는 현실은 믿기 어렵습니다. 도대체 루이스의 세계와 오늘 한국에 사는 사람들 사이에 어떤 연결점이 있기에 그의 글이 우리말로 번역되어 널리 읽히고 또 감명을 끼칠 수 있다는 말인가요?

어릴 때 잃었던 신앙을 서른셋의 나이에 다시 찾은 그는, '후 기독교 사회post-Christian world'에 살고 있는 사람들에게 기독교 세계관을 전파하는 전도자라는 자의식을 갖게 되었습니다. '후 기독교'란 당시 유럽 문화를 일컫는 말로, 기독교의 전성기가 지나고 다시 불신앙의 시대로 접어든 상황을 의미합니다. 루이스가 판단하기로는, '후 기독교' 시대가 '전 기독교pre-Christian' 시대(즉, 기독교를 아직 받아들이기 전 여러 고대 종교가 판치던 때)보다 복음을 받아들이기 어려운 때입니다. 문화적 기독교, 윤리주의, 자유주의가 판치고, 기독교 신앙의 초자연주의와 참 구원의 메시지가 땅에 떨어져 버렸기 때문입니다. 바로 이 시기에 루이스는 기독교 신앙의 핵심, 즉 역사적인 기독교의 가장 구심점이 되는 메시지를 번득이는 지성과 놀라운 상상력을 동원하여 설명하기 시작했습니다. 그래서 오늘날 영어권 사회에 루이스에 대한 관심이 끊임없이 일어나고 또 전 세계적으로 루이스의 글이 번역되어 퍼져 나가고 있습니다. 무엇보다 가장 놀라운 것은 인간의 종교적 심리를 파헤치는 그의 통찰력입니다. 그에게는 죄에 대한 심오한 이해가 있었던 것입니다.

이러한 루이스의 생각과 방법론을 대표할 만한 글이 《천국과 지옥의 이혼》이라고 생각합니다. 물론 보편적으로 더 잘 알려진 글들이 있지만, 《천국과 지옥의 이혼》은 마치 에스프레소 커피를 마시는 것 같은 농축된 짜릿한 맛을 느끼게 하는 지극히 루이스다운 글이라고 할 수 있습니다.

그런데 이 책을 신학적인 글로 보고 접근하는 데에는 일단 문제가 있습니다. 이 글은 루이스가 그토록 사랑하던 문학 형태인 판타지fantasy의 하나로 봐야 합니다. 판타지 문학의 틀 안에서 여러 사람을 나열해 놓고 그들의 심리를 들여다보는 그러한 글이라는 것입니다. 따라서 《천국과 지옥의 이혼》이 지옥Hell과 천국Heaven에 대해 다루고 있지만, 이것을 사후死後에 일어날 실제 상황으로 보아서는 안 됩니다. 루이스가 머리말에서 말한 대로 이것은 공상문학입니다("I beg readers to remember that this is a fantasy").

그러나 이 공상문학 속에 담긴 것은, 인간의 마음을 죄와 구원이라는 틀 안에서 간파하는 통찰력입니다. 이 책이 오늘 이 땅에서 흔히 볼 수 있는 인간의 연약함과 이기주의, 그리고 무엇보다 잘못된 신앙에서 비롯되는 복음에 대한 오해를 잘 드러내 보여 주는 것은 바로 그 때문입니다.

《천국과 지옥의 이혼》에서 우리는 신앙을 자기 내면 세계와 연결하지 못하고 머리로만 따지려 드는 성직자의 모습도 보고, 자신의 보잘것없는 의를 드러내며 은혜의 품으로 들어가기를 거절하는 윤리주의자의 모습을 발견하기도 하며, 사랑과 집착을 구분하지 못하여 아들이 자기를 떠나서는 (설령 그것이 하나님의 품이라 할지라도) 절대로 행복할 수 없다는 오해를 품고 하나님을 원망하는 어머니의 모습을 보기도 합니다. 이 책을 읽으며 독자들이 어색한 미소를 지을 수밖에 없는 것은, 책에 나오는 등장인물 묘사에 바로 자신의 모습이 담겨 있다는 발견 때문일 것입니다.

근본적으로 루이스가 주장하는 죄의 모습은 자기집착입니다. 이러한 자기집착은 사후에 나타나는 현상이 아니라 바로 오늘 우리가 사는 사회 속에 판치는 타락의 그림자입니다. 루이스 생각에, 이 땅에 사는 사람들이 자기집착을 하고 있음에도 자기 안에 완전히 매몰되어 외부세계와 완전히 단절될 수 없는 것은 '육신'이라는 가시적 존재틀이 있기 때문입니다. 결국 할 수 없이 남들과 부딪치며 살 수밖에 없다는 것이지요.

그러나 언젠가 육신을 벗게 될 때 자기집착은 어떠한 방해도 받지 않고 극단으로 치닫게 될 터인데, 그것이 곧 지옥의 모습이 되리라는 게 루이스의 추측입니다. 끝없는 자기집착으로 인해 '블랙홀'처럼 하도 안으로만 빨려 들어가다 보니 결국 비물질적인 유령 Ghost의 세계인 지옥이 이 땅에서 흔히 볼 수 있는 작은 돌멩이만한 크기도 안 될 거라는 상상은 또 얼마나 흥미로운지요! 루이스가 생각하는 사후, 즉 개인의 종말은 이 세상에서 이미 겪고 있던 구원과 멸망의 갈림길이 더 뚜렷하게 구분되는 현장을 말합니다. 멸망을 자원自願하는 유령에게는 천국이 제시되었다 할지라도 결국 거절하게 될 것이며, 그런 논리에서 지옥의 문은 밖에서 걸어 잠근 게 아니라 안으로부터 잠겨 있다는 재미있고 의미심장한 견해를 드러내기도 합니다.

C. S. 루이스를 연구하는 몇몇 학자들이 《천국과 지옥의 이혼》을 근거로 삼아, 영원히 반복되는 선택의 기회가 사후의 영혼에게 주어질 것이라는 신앙을 그가 갖고 있다고 주장합니다. 심지어는 결국 모두가 구원 얻게 될 것이라는 보편구원설universalism을 믿고 있다고 주장하기도 합니다. 그러나 이것은 루이스의 전반적인 신학적 사고를 오해하는 것입니다. 더군다나 《천국과 지옥의 이혼》의 중심 되는 논지를 오해하는 것이기도 합니다. 이 책에는 지옥을 떠나 결국 천국에 입성하여 새 삶을 누리게 되는 인물이 단한 명 나옵니다. 그런데 그 에피소드를 잘 보면, 육신을 벗은 사후

문제를 다루는 것이 아니라 이 세상에서 고민하는 음욕lust에 대한 내용입니다. 결국 한 남성이 타락한 성적 욕구를 하나님의 사자가 내미는 심판의 손에 내맡길 때 비로소 멋지고 아름답게 변화되었다는 내용입니다. 이 사건을 가지고 루이스의 내세관이 잘못되었다고 지적하는 것은 너무 성급한 주장입니다.

루이스의 신학을 총체적으로 이해하기 위해서는 그의 신학적 글을 전반적으로 살펴봐야 합니다. 그 결과 루이스를 쉽게 자유주의자 또는 보수주의자라고 이름 붙일 수는 없습니다. 재미있는 것은, 어떤 신학 전통에 서 있는 분이더라도 대부분 루이스의 글에 호감을 가질 수 있으며 그로 인해 루이스가 자기 신학 전통에 속한 사람이라고 주장할 때가 있다는 사실입니다.

사실 루이스의 신학은 쉽게 분류되지가 않습니다. 그의 초자연주의는 복음주의 냄새를 풍기지만 그의 성경관은 그렇지가 않습니다. 그의 구원론은 그리스도의 대속 개념을 내포하고 있지만 전통적인 대속substitutionary atonement 신앙과는 조금 차이가 있습니다. 루이스의 신학적 입장을 우리 입장이 아니면 무조건 다 틀렸다는 단순한 흑백논리로 본다면 누구도 루이스를 받아들일 수 없을 것입니다. 그러므로 바람직한 방법은 루이스를 루이스 자신의 사고 틀 안에서 이해하는 것입니다. 즉 그가 하는 말의 논리에 귀를 기울이고 그의 마음에서 우러난 진솔한 외침을 들어보는 것입니다. 그의 생각에 온전히 설득되지 않는다 할지라도 분명 독자들은 하나님에 대하여, 인간에 대하여, 죄에 대하여, 그리고 구원에 대하여 다시 한 번 심각하게 생각하게 된 자신을 발견할 것입니다. 그렇게 될 수 있다면, 분명 루이스는 이 시대에 하나님께서 교회에 주신 선물이었고 그로 인하여 우리는 하나님께 감사할 수 있을 것입니다. 이는 그가 완전했기 때문이 아니라 유익한 사람이었기 때문입니다.

《천국과 지옥의 이혼》을 대하는 독자들에게 깊은 감동과 건전한 삶의 변화가 있기를 기대해마지 않습니다.

옮긴이 김선형

서울대학교 영어영문학과를 졸업하고 같은 학교 대학원에서 박사 학위를 받았다. 세종대학교 초빙 교수를 지냈으며, 2010년 유영학술재단에서 수여하는 유영번역상을 받았다. 옮긴 책으로《스크루테이프의 편지》, 위대한 2인자 시리즈《아론》,《실라》,《아모스》(이상 홍성사),《은하수를 여행하는 히치하이커를 위한 안내서》,《실비아 플라스의 일기》,《프랑켄슈타인》,《수전 손택의 말》등이 있다.

천국과 지옥의 이혼

The Great Divorce

지은이 C. S. 루이스
옮긴이 김선형
펴낸곳 주식회사 홍성사
펴낸이 정애주
국효숙 김의연 박혜란 송민규 오민택 임영주 차길환

2003. 7. 15. 초판 발행   2018. 4. 16. 20쇄 발행
2019. 4. 30. 무선 1쇄 발행   2025. 4. 15. 무선 9쇄 발행

등록번호 제1-499호 1977. 8. 1.
주소 (04084) 서울시 마포구 양화진4길 3
전화 02) 333-5161   팩스 02) 333-5165
홈페이지 hongsungsa.com   이메일 hsbooks@hongsungsa.com
페이스북 facebook.com/hongsungsa
양화진책방 02) 333-5161

•잘못된 책은 바꿔 드립니다. •책값은 뒤표지에 있습니다.

ISBN 978-89-365-1370-2 (03230)